NOS POLITICIENS

VOYAGE

AU

PAYS DES BLAGUEURS

PAR

GEORGES LACHAUD

PARIS

M. DENTU, ÉDITEUR
LIBRAIRE DE LA SOCIÉTÉ DES GENS DE LETTRES
PALAIS-ROYAL, 15-17-19, GALERIE D'ORLÉANS

Paris. — Imp. de E. Donnaud, rue Cassette, 1

NOS POLITICIENS

VOYAGE

AU

PAYS DES BLAGUEURS

PARIS. — IMPRIMERIE DE E. DONNAUD
4, rue Cassette, 4.

NOS POLITICIENS

VOYAGE

AU

PAYS DES BLAGUEURS

PAR

GEORGES LACHAUD

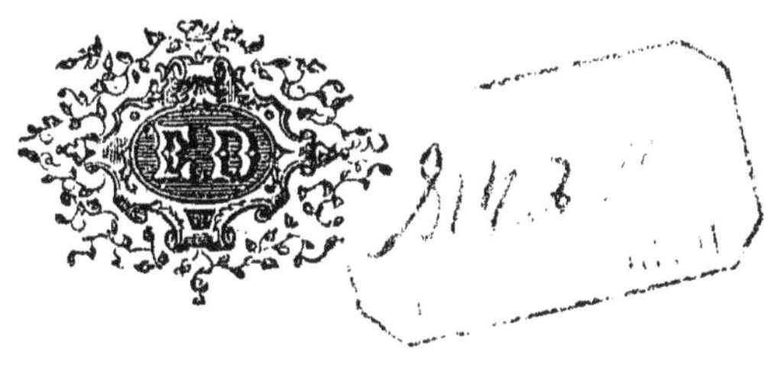

PARIS

E. DENTU, ÉDITEUR

LIBRAIRE DE LA SOCIÉTÉ DES GENS DE LETTRES

PALAIS-ROYAL, 15-17-19, GALERIE D'ORLÉANS

1879

AVANT-PROPOS

QU'EST-CE QU'UN POLITICIEN ?

Les politiciens envahissent la France.

Qu'est-ce qu'un politicien ?

Le mot est nouveau, parce que la chose est nouvelle. Jadis on disait « un homme d'État ». Aujourd'hui on dit un « politicien ». L'expression vient d'Amérique parce que seule, jusqu'ici, l'Amérique possédait des politiciens.

Qu'entend-on en Amérique par un politicien ? C'est un homme riche ou pauvre, honnête ou fripon, bien né ou mal né, intelligent ou incapable, qui s'est adonné exclusivement à la politique, qui en fait commerce, comme d'autres font commerce de pétrole ou de porc salé.

Le « *politician* » ne sait que la politique, n'a jamais fait que de la politique et ne pourrait gagner sa vie sans la politique. Si la politique lui est cruelle, il végète et disparaît.

Le « *politician* » est peu estimé en Amérique. Il y exerce pourtant une grande influence : il régit les États, administre les villes, règle les dépenses publiques, dirige les relations extérieures.

1

Est-ce parce que le « politician » est d'ordinaire ou pauvre ou malhonnête homme (les fonctions publiques ne permettant pas de conquérir avec probité une grande fortune) et que la pauvreté inspire, en Amérique, au moins autant de mépris que l'improbité ? Est-ce parce que peu de grands talents se sont révélés jusqu'ici parmi les politiciens américains ? Nous l'ignorons, mais quelle que soit la cause de ce mépris général, les politiciens jouissent là-bas de peu de considération.

Chez nous, il n'en est pas encore ainsi. Le politicien obtient quelque envie et un semblant d'estime. On le connaît mal ; on le confond souvent avec l'homme d'État, et l'homme d'État apparaît, dans tous les pays, comme un objet d'admiration.

Établissons donc une distinction bien nette entre le politicien et l'homme d'État.

Le politicien entre dans la carrière politique *pour être* quelque chose ; l'homme d'État y entre *parce qu'il est* quelque chose. Toute la différence est là.

Celui que la politique prend lorsqu'il a déjà réussi dans une carrière, lorsqu'il s'est fait un nom par des travaux ou des services rendus, ou même lorsque sa position sociale lui assigne un rang éminent, doit être classé parmi les hommes d'État. Celui qui se destine à la politique, alors qu'il est encore obscur, qui n'acquiert la célébrité ou le rang que par la politique, est un politicien.

Mais, observons-le, le mot de politicien, qui désigne simplement un homme entré dans cette carrière spéciale de la politique, n'a rien de flétrissant. Tel homme d'État peut se montrer maladroit, ne faire que des fautes et mener son pays à la ruine, tel politicien peut déployer des qualités éclatantes.

On peut être à la fois politicien et homme de mérite. Mais le gouvernement par les politiciens a des originalités que le talent même de ceux qui le composent ne saurait effacer ; il rencontre des difficultés que sa propre nature lui suscite ; il attire des hommes dont les défauts ont une saveur toute spéciale. Ce sont ces originalités, ces difficultés et ces défauts que nous cherchons à étudier dans ce livre. Sans doute, le politicien n'est pas encore arrivé chez nous à tout son développement. Il vient à peine de naître. Mais, tel qu'il est, hésitant encore et essayant ses forces, il présente des aspects intéressants. Nous nous sommes efforcé de les reproduire.

VOYAGE AU PAYS DES BLAGUEURS

PREMIÈRE PARTIE

COMMENT ON FAIT CHOIX D'UN PARTI.

LE JEUNE MONSIEUR RIRI.

Le jeune M. Riri est né parlementaire ; le parlement, voilà sa conviction, sa foi, sa vie. Qui nous dira pourquoi M. Riri aime le parlement ? Où se trouve la source ignorée de cette passion ? Le jeune M. Riri ne le sait sans doute pas lui-même. Avait-il réfléchi à la supériorité du régime représentatif, lorsqu'à l'âge de dix ans il prenait la parole à propos d'une partie de billes, et discutait, avec une souplesse et une prolixité admirables, le point en litige ; lorsqu'à quatorze ans, il réunissait ses camarades pour traiter avec eux de sujets littéraires et pour obtenir des succès d'éloquence dont le souvenir hante encore le lycée ; lorsqu'à seize ans, en rhétorique, il critiquait dans un style élevé la Constitution française au milieu d'un groupe d'auditeurs émerveillés ?

Sans doute, cette précoce disposition aux luttes oratoires ne nuisit pas à l'amour qui germa dans le cœur
de M. Riri pour les assemblées délibérantes ; mais
il est certain aussi que cette passion effrénée tient chez
lui à quelque disposition spéciale du cerveau.

En effet, lorsqu'il fallut faire choix d'un parti, le
jeune M. Riri se déclara énergiquement parlementaire, et seulement parlementaire.

Il n'avait pas de répugnance pour l'Empire libéral,
acceptait la Monarchie absolue tempérée par deux
Chambres, aimait la Monarchie constitutionnelle et
inclinait vers la République représentative ; mais ce
qu'il lui fallait, c'était un parlement. Le reste lui importait peu.

Un parlement ! A l'âge où les écoliers prennent la
volée du côté des jolies filles, M. Riri regardait autour
de lui, cherchant un parlement. Il avait dix-sept ans
et on l'appelait déjà le jeune M. Riri. Dédaignant les
garçons de son âge, il recherchait la société des
hommes politiques pleins de maturité ! Aussi, lorsque
d'un air grave il prenait parmi eux la parole sur une
question d'impôt, les barbons stupéfaits s'écriaient :
« Il est étonnant ce jeune M. Riri ! » De là l'épithète
accolée pour jamais à son nom.

» Viens donc, Riri, lui disaient ses camarades. Vois
comme il fait tendre aujourd'hui, c'est avril, allons
courir sur le chemin vert qui s'en va de Robinson à la
Vallée-aux-Loups.

— Un chemin vert ! répondait Riri. On ne respecte
donc plus les règlements relatifs à la voirie.

— Nous aurons Fifine et Anna.

— Merci, j'ai rendez-vous avec M. Pitanchard, le directeur général. Il doit m'expliquer à fond l'aménagement des forêts de l'Etat.

— Les forêts de l'Etat, mais nous allons nous y perdre aujourd'hui que les feuilles y poussent.

— Les feuilles ! Je ne m'occupe pas de botanique. »

Et M. Riri allait chez Pitanchard.

C'était pourtant un beau garçon que M. Riri, bien planté sur ses pieds, l'œil noir, les cheveux au vent. Et quand il traversait les places publiques, les jeunes filles se retournaient et le regardaient ; Riri ne les voyait même pas. Il marchait d'un air absorbé et sombre. Et les jeunes filles passaient leur chemin, vives et rêveuses ; elles se disaient entre elles : « Le pauvre garçon, c'est un amoureux. Il songe à quelque blonde cruelle. Il ne nous voit pas, nous, parce qu'elle est toujours devant ses yeux. »

M. Riri voyait, en effet, quelque chose qui se plaçait entre lui et les jeunes filles. Il voyait un vieillard vénérable, muni d'une sonnette et flanqué de plusieurs huissiers. Ce vieillard se tenait toujours là devant lui et lui disait sans cesse d'une voix fausse, mais enchanteresse : « Monsieur Riri, vous avez la parole. » Telle était la douce vision qui hantait l'esprit de Riri et qui lui enlevait la vue du monde extérieur.

Que ne fit pas M. Riri pour donner un corps à sa vision ? Il mettait à vivre avec des parlementaires la même obstination que ses camarades montraient à se tenir en société galante. De même que ceux-ci se vantaient d'être en compagnie d'une belle fille, de même M. Riri tirait orgueil de se promener au bras d'un vieux centre gauche. Les députés le trouvaient partout attaché à leurs pas. Il mendiait un billet de tribune et faisait des bassesses pour s'attarder, dix minutes durant, dans les couloirs de la Chambre. D'autres fois, s'efforçant de donner un corps à ses illusions, il se mêlait à de jeunes gens animés de passions semblables aux siennes. Tous ensemble ils faisaient de petites répétitions de parlementarisme, se distribuant des titres sonores, se nommant réciproquement présidents, secrétaires, trésoriers, rapporteurs, proposant des projets de lois, les discutant, les votant, s'infligeant des rappels à l'ordre, demandant la parole pour des faits personnels. Le tout platoniquement, hélas! Semblables à ces catéchumènes qui faisaient jadis la communion blanche avec des hosties non consacrées, ils aspiraient avec ardeur à l'heure bénie où la fiction allait faire place à la réalité.

Cependant le jeune M. Riri s'alanguissait au milieu de ces brûlants désirs. En vain son père lui répétait-il: « Tu n'as pas l'âge »; il ne voulait pas être consolé. Et errant dans les corridors du Sénat, il se plaignait de ne point porter perruque.

Le père du jeune M. Riri, homme intelligent et sensé, s'attristait de cet état de choses. Il eût voulu voir son fils mêlé aux plaisirs des jeunes gens de son âge et il se lamentait de la sagesse de Riri, plus peut-être qu'aucun père ne s'est jamais plaint de l'inconduite de son enfant.

Un jour le jeune M. Riri ne rentra pas pour dîner. M. Riri père eut un moment d'espérance. Neuf heures sonnèrent, dix heures, onze heures. Pas de M. Riri fils. M. Riri père exultait. « Il va découcher, » se disait-il en se frottant les mains. Le jeune Riri rentra à trois heures du matin. Le lendemain le père le regarda d'un air malin. « Tu es rentré bien tard, cette nuit, mon ami, » fit-il d'un ton joyeux.

— « Oui, il y a eu séance de nuit à la Chambre, » répliqua Riri fils d'un ton grave. Le père sortit pour ne pas se mettre en colère.

Cependant le jeune M. Riri devenait un homme fait. On songea à le marier. M. Riri ne fit pas d'objection, le mariage donne du sérieux à un homme politique. Délicieuse était la fiancée de M. Riri, une blonde aux yeux noirs. Elle trouvait du reste son futur fort à son goût. M. Riri fut admis à faire sa cour. La jeune fille le provoquait par d'aimables paroles. M. Riri restait grave et parlait volontiers des débats qui avaient eu lieu la veille à la Chambre. Alors il s'animait, ses yeux lançaient des éclairs. sa fiancée le trouvait superbe. « C'est malheureux seulement, disait-elle à sa mère, qu'il n'ait ces yeux-là que quand il parle politique. » Un jour, on les laissa seuls ; c'était l'avant-veille du mariage, on les observait à travers une glace sans tain. La fiancée était rougissante. Riri paraissait tout enfiévré de passion. Il parlait avec une animation extrême. Parfois, il se rapprochait de la jeune fille et la regardait avec une expression ardente qu'on ne lui connaissait pas. Les parents un peu inquiets rentrèrent dans le salon et, au moment où ils s'avançaient vers le jeune couple, ils entendirent ces mots : « Ah ! mademoiselle, mademoiselle, que pen-

sez-vous du rôle que doit jouer le Sénat pondéra-
teur ? »

Enfin la vingt-cinquième année sonna pour Riri. Il
était si pressé d'entrer dans ce Parlement chéri, qu'il
commença ses tournées électorales avant même d'être
éligible Cinq circonscriptions se disputaient la faveur
de l'envoyer à l'Assemblée. Un garçon si sérieux, si
distingué, si instruit, si éloquent ! Si éloquent ? A cet
égard, quelques esprits mal intentionnés témoignaient
des doutes. Depuis les fameuses tirades lancées en
rhétorique, alors qu'il avait seize ans, nul n'avait
jamais pu juger de cette éloquence. Sans doute les
échos des réunions où il jouait au parlementaire avec
ses camarades avaient appris au public les talents du
jeune M. Riri ; mais il fallait se défier de ces échos
complaisants et, en somme, le public croyait un peu les
yeux fermés ou plutôt les oreilles fermées ; mais les
mauvaises langues ne furent pas écoutées. La renommée
de Riri était si bien établie qu'elle prévalut, et que,
battant son concurrent qui s'était présenté pour la
forme seulement et pour rendre le triomphe de Riri
plus éclatant, Riri obtint une formidable majorité. Les
quatre circonscriptions qui n'avaient pas eu l'honneur
de le nommer se désolaient. « Êtes-vous heureux,
disait-on aux électeurs de Riri, d'être représentés par
un tel homme ! » Quand Riri aborda la tribune, ce fut
un jour solennel. Les ombres de Mirabeau, du général
Foy et de Berryer se sentirent émues dans leur immortalité et éprouvèrent comme un sursaut de jalousie.
Les tribunes étaient pleines. Pas de femmes, mais un
grand nombre des anciens camarades de Riri. Riri

commença avec aplomb : « Messieurs, dit-il, la séparation des pouvoirs est la sauvegarde du Gouvernement parlementaire. La pondération, résultat de la liberté et de la Constitution, consiste dans le rapport des
pouvoirs publics entre eux. Les deux Chambres...» Riri
continua ainsi pendant trois heures. Sa parole fluide
allait sans secousse et sans hésitation. Les mots liberté,
parlement, pondération, pouvoirs publics, rapport des
Chambres, pouvoir exécutif, surnageaient au milieu
de ce courant monotone. Le public s'éclaircissait, les
députés s'éclipsaient l'un après l'autre. Riri parlait
toujours sans effort, sans le moindre effort.

« Qu'en pensez-vous? dit à l'un des anciens camarades de Riri, un auditeur qui était resté ferme au
poste.

— C'est drôle, répondit l'ancien camarade, à quatorze ans il parlait exactement de la même façon. Cela
nous paraissait merveilleux. »

Hélas! préoccupé de la Constitution, du Parlement,
de la séparation des pouvoirs et de toutes les libertés,
le jeune M. Riri avait oublié de faire des progrès. Si
bien que le petit prodige était devenu un orateur
détestable.

Le jeune M. Riri descendit de la tribune au moment
où ses collègues rentraient en masse pour demander
la clôture. Il fut félicité, comme de juste, et se tint
pour satisfait.

Pourtant il prend rarement la parole depuis lors. Il a
« eu son discours », cela lui suffit. Du reste, il est
assuré d'une brillante destinée. Partisan énergique du

parlementarisme, comment ne réussirait-il pas dans le Parlement?

Quelle que soit l'opinion qui triomphe là, elle est toujours favorable au parlementarisme et elle se servira volontiers de M. Riri. Le jeune M. Riri trouvera fonction à sa taille. Gageons qu'il sera sous-secrétaire d'État..... s'il ne l'est déjà.

Un homme monte l'escalier d'une maison de pauvre apparence ; il tire une clef de sa poche et entre dans un modeste appartement. L'homme ôte lentement un pardessus fané ; il s'assied devant un bureau surchargé de papiers et il se met à écrire. L'aspect du logis est maussade : quelques chaises boiteuses, un vieux canapé et des rideaux maculés forment tout l'ameublement de la pièce principale. A mesure que l'homme écrit, il s'anime. Peu à peu des phrases entrecoupées lui échappent, il murmure : « Le flot de la révolution déborde, quelque chose de terrible s'agite en bas... Tout ce qui est grand, puissant, ancien ou riche est attaqué. » La période est significative. Nous savons du moins en face de qui nous nous trouvons. Que peut être ce malheureux, mal vêtu, mal logé, sinon un de ces révolutionnaires qui en veulent à tout le monde des douleurs que leur a apportées la vie ? Rien qu'à voir son logis, l'aspect de la maison qu'il habite, on l'aurait deviné, celui-là du moins a une cause pour s'être fait le démolisseur de l'ancienne société..

L'homme écrit plus fiévreusement encore : — « De

tous les coins du monde la révolution s'est mise en
marche. Elle est partout maintenant, au foyer, dans
l'atelier, sur les marches du trône et jusqu'au pied des
autels. L'avenir lui appartient... »

L'homme se lève. Il gesticule. Cherche-t-il une idée
ou une phrase?... S'efforce-t-il de deviner comment
cette révolution en marche assurera son triomphe? Il
l'a trouvé sans doute, car il s'est assis.

« L'avenir lui appartient, si nous ne l'écrasons pas
lorsqu'il en est temps encore ; il faut que tout ce qui
est honnête s'unisse. Les mauvaises passions semblent
triompher, mais on peut pourtant les contenir. Ceux
qui n'ont rien, ceux qui veulent s'enrichir de nos dépouilles se préparent au combat. Prévenons-les. Le
monde nouveau nous défie. Allons bravement à lui et
combattons-le. »

Que dit-il ce pauvre hère? Nous avons mal entendu
sans doute. Il parle de se défendre contre ceux qui
n'ont rien. Il craint qu'on ne s'enrichisse de ses dépouilles. Il veut combattre le monde nouveau. Qu'est-
ce à dire?

« Oui, continue-t-il, il faut le proclamer. L'insurrection qui menace les traditions, les principes, la
religion, s'appelle l'envie. On nous envie. Voilà la
vérité. On envie notre propriété conquise par le labeur
de nos pères et par notre propre labeur. On envie nos
biens, on envie notre fortune. »

Allons, bon! il déraisonne! Que peut-on envier
chez lui? Sont-ce ses chaises boiteuses? Est-ce son
vêtement râpé? Cet homme a quelque accès d'aberra-
tion mentale. Il est atteint sans doute de la manie des

grandeurs, il s'imagine que son galetas est un palais et que sa redingote a l'éclat d'un manteau de roi? Nullement ; nous sommes en présence d'un phénomène très-fréquent à notre époque, mais très-curieux cependant : *le conservateur qui n'a rien à conserver.*

L'homme qui écrit a nom M. Jacquemard, et M. Jacquemard n'est pas le premier venu. M. Jacquemard tient tout simplement la tête du parti réactionnaire. M. Jacquemard terrifie la canaille. M. Jacquemard est un des solides piliers de l'ordre social. Lorsque la polémique s'engage entre M. Jacquemard et un écrivain révolutionnaire, le monde s'arrête pour écouter. Et les coups pleuvent dru. Aussi M. Jacquemard est-il considéré comme le défenseur de la réaction, tranchons le mot, de l'ancien régime. Aux yeux des masses, M. Jacquemard est le dernier de ces délicats seigneurs d'autrefois qui vivaient somptueusement aux dépens des peuples. Toudoux, écrivain révolutionnaire, écrit volontiers : « Voilà des siècles que les Jacquemard exploitent le populaire. » On a dit de Jacquemard qu'il était un « jouisseur » et dans les restaurants de barrière, quand un ouvrier veut insulter un de ses camarades trop enclin à la fainéantise et à la débauche, il lui dit : « Tu n'es qu'un Jacquemard. » Et Jacquemard accepte cette gloire sans regret. Jacquemard se réjouit de ces haines et il s'endort en songeant avec volupté que des milliers d'hommes s'endorment aussi, en se disant : « Gredin de Jacquemard! »

Pourquoi Jacquemard se trouve-il dans les rangs des défenseurs de la société au lieu de se tenir parmi les assaillants? Peu de gens le savent.

Est-ce par intérêt? Non, certes. Le malheureux a du talent. Il aligne proprement les périodes et il possède une certaine vigueur de plume qui lui permet l'attaque et la riposte. Ses ironies sont redoutables et redoutées. Partout on l'accepterait volontiers; et autre part on lui paierait son fiel un meilleur prix. Là où il végète on n'a pas la vogue. La qualité des lecteurs est remarquable, mais la quantité fait défaut. Et le gentilhomme ne paie pas son abonnement plus cher que ne fait le manant.

Est-ce par vanité? Jacquemard a eu des encouragements flatteurs. Il rencontre parfois un duc qui l'applaudit et une marquise qui lui avoue qu'elle le lit volontiers. Mais on le tient à distance. On le reçoit le matin, à déjeuner, quand on n'a personne. On ne le convie pas aux fêtes où se pavane le monde qu'il défend. Les hommes lui serrent la main et le félicitent, mais ils omettent de le présenter à leurs femmes. Il est un peu comme le cocher qui dirige l'équipage mais auquel il est interdit de monter dans la voiture.

Est-ce par ambition? La vie politique lui est fermée. Si quelque province reculée envoie aux assemblées un coreligionnaire politique de Jacquemard, c'est quelque riche gentilhomme qui obtient les suffrages des paysans. Qui penserait à Jacquemard, quand la noblesse est si insuffisamment représentée au Parlement!

Comment donc Jacquemard a-t-il fait choix d'un tel parti?

Il sortait du collége, il était maître d'étude dans

une institution de province. Son opinion politique
était alors qu'il fallait manger.

Parmi les vingt drôles dont il surveillait la paresse,
se trouvait un grand diable d'aspirant bachelier presque aussi âgé que Jacquemard et qui le regardait sans
cesse d'un air impertinent et goguenard. Ce grand
diable avait nom Horace Roustand et était fils du
célèbre Roustand, directeur du journal l'*Egalité*. Jacquemard, qui était petit et frêle, se sentait mal à l'aise
sous le regard de Roustand, et Roustand s'en aper-
cevait ; si bien que le plus grand plaisir de l'élève
était de regarder fixement le pauvre maître d'étude.
Celui-ci détournait les yeux ; mais ce regard persistant
le suivait sans relâche, si bien que Jacquemard finissait
par perdre contenance et feignait de se livrer à une
lecture acharnée pour ne pas être obligé de quitter
la place. Ce qui troublait surtout le pauvre garçon,
c'est qu'il s'imaginait que ces yeux scrutateurs per-
çaient les misères de sa toilette. Misères effroyables !

La vieille redingote de Jacquemard boutonnée
jusqu'au menton laissait passer un soupçon de faux
col. Mais que cachait cette hermétique fermeture ?
Roustand l'avait-il deviné ? Rien que cette pensée
faisait monter le rouge au visage de Jacquemard ; lorsqu'elle lui traversait l'esprit, il était obligé de s'accro-
cher à son pupitre pour ne pas céder au vertige qui
s'emparait de lui.

Ce supplice dura huit jours. Tous les élèves s'étaient
aperçus de l'inquiétude que causait au maître d'études
le regard de Roustand. Celui-ci du reste en tirait
vanité. « Il n'osera pas me regarder en face », disait-

il. Jacquemard comprit qu'il fallait en finir et un matin
que Roustand le contemplait d'un air narquois :
— « Monsieur Roustand, lui dit-il d'un ton bref, je
vous prie de travailler au lieu de regarder constamment de mon côté.

— Je regarde où je veux ! fit Roustand.

— Eh ! monsieur, regardez vos livres, vous avez
fort à y apprendre.

— Vous vous trompez, j'apprends bien plus encore
en regardant autre part.

— Eh ! qu'apprenez-vous donc, monsieur ?

— J'apprends comment on peut faire tenir un faux
col, quand on n'a pas de chemise. »

Jacquemard ne répondit rien. Il devint si pâle
qu'on eût cru qu'il allait mourir.

Les élèves ne riaient plus. Ils baissaient tous la tête
sur leurs livres et faisaient un profond silence.

Tout à coup un petit jeune homme se leva et
marcha droit à Roustand. Le petit jeune homme était
aussi pâle que Jacquemard.

— « Roustand, lui dit-il, tu n'es qu'un manant.
Roustand devint pourpre.

— Ligneville, répondit-il, ne fais pas l'aristo. Depuis 89 nous sommes tous égaux.

— Non, dit Ligneville, il y a les gens bien élevés
et les rustres. Et tu n'es point parmi les premiers. Demande pardon à M. Jacquemard.

— Oui, oui, crièrent tous les élèves, dont l'embarras
fit place à un accès d'indignation. Oui, oui, qu'il demande pardon.

— Non, fit Roustand.

— Demande pardon, répéta Ligneville, d'un air menaçant.

— Non, fit Roustand plus bas. »

Les élèves se rapprochèrent. Un cercle hostile se forma autour de Roustand.

— « Demande pardon, crièrent-ils tous.

— Oui, murmura Roustand, je demande pardon.

— Il vous demande pardon, M. Jacquemard, glapirent vingt voix d'adolescents. »

Jacquemard descendit de sa chaire de maître d'étude. Il déboutonna sa redingote, et montra sous un vieux gilet, sa poitrine nue. Son faux col était attaché au collet par des épingles.

— « Voyez, monsieur Roustand », fit-il.

Puis, s'avançant vers Ligneville, il le prit dans ses bras, l'étreignit avec une sorte de transport et se mit à sangloter.

Dix minutes après, le chef de l'institution fit venir Jacquemard.

— «Monsieur, lui dit-il, après la scène scandaleuse qui a eu lieu tout à l'heure, vous comprenez que vous ne pouvez rester ici. Vous serez remplacé dès ce soir. »

Jacquemard répondit doucement : « Vous avez raison, monsieur. »

Quand il sortit, quelqu'un courut après lui, c'était Ligneville.

« M. Jacquemard, lui cria celui-ci, allez trouver papa. »

Jacquemard alla chez M. le comte de Ligneville.

« Votre fils m'a défendu, lui dit-il; c'est un gentilhomme. Et il lui raconta l'aventure.

— Il n'y a encore que sur les gentilshommes qu'on

puisse compter, mon cher monsieur Jacquemard, lui répondit le comte. Croyez-moi, vous êtes jeune, ne vous rangez pas du côté des.Roustand.

— Le misérable ! fit Jacquemard.

— Vous paraissez intelligent; je vais vous donner une lettre pour le petit Drumet, le directeur de l'*Union catholique*. Il trouvera sans doute à vous employer. »

Le petit Drumet (il avait cinquante ans) employa Jacquemard, qui entama immédiatement avec le journal l'*Egalité* une polémique violente sur un sujet quelconque, polémique où Roustand père n'eut pas le dessus.

Cela fit connaître Jacquemard. Bientôt il gagna cent francs par mois.

Depuis lors il a grandi en renommée.

Ses appointements ont été augmentés, et aujourd'hui il peut vivre comme un commis ou comme un étudiant, à condition qu'il ne soit jamais malade.

« Pourquoi donc restez-vous avec ces gens-là? lui disait naguère un intime. Si vous alliez à vos adversaires, vous trouveriez popularité et profit. Vos amis sont des ingrats.

— Pas tant que vous croyez, répondit Jacquemard. Et déboutonnant son gilet. « Voyez, dit-il, j'ai une chemise. »

L'intime n'a pas compris.

Rougeaud fils a vingt-huit ans. Son père était marchand de cuirs et portait des anneaux aux oreilles. M. Rougeaud fils est merveilleusement habillé. Il a un phaéton délicieux, un petit hôtel exquis, une maîtresse ravissante. Mais il manque de relations sociales. Son père ne voyait que des collègues. Jugez de l'embarras de M. Rougeaud fils. Il a été élevé à Louis-le-Grand. Rien à faire par conséquent avec les camarades de collége, tous avocats, écrivains, industriels ; des gens de rien, en un mot. Il y avait bien le jeune comte de Bassepoil ; et, circonstance favorable, un jour Rougeaud a rencontré le jeune comte chez sa ravissante maîtresse. Il se serait fâché pour tout autre ; mais la chance de rencontrer Bassepoil l'a calmé. Hélas ! Bassepoil n'a pas voulu reconnaître Rougeaud !

Rougeaud s'agite, mais en vain. Il a obtenu une invitation chez la princesse Babaucheff. Trois jours après, la police s'introduisait chez la princesse qui comparaissait bientôt en police correctionnelle sous le nom d'Hélène Beaubichon.

Un jour Rougeaud passa devant une église, et il en
vit sortir une foule brillante : des dames tout de noir
habillées, mais séduisantes dans leur deuil somptueux,
des hommes supérieurement mis ; et dans les groupes
on disait : Voilà le duc de Riencourt, S. A. le prince
Tata, l'ambassadeur, le ministre, madame la marquise.

Rougeaud s'informa. C'était l'élite de la société bonapartiste qui venait de célébrer un pieux anniversaire.

Quel monde aristocratique ! se dit Rougeaud. Sont-
ils heureux ces bonapartistes de coudoyer de si grandes
dames et de si grands seigneurs !

Tout à coup une inspiration du ciel traversa l'esprit
de Rougeaud. « Qu'est-ce qui m'empêche d'être bonapartiste ? » Et sur-le-champ, sans plus hésiter, il se fit
inscrire sur une liste que dressait un jeune homme
blond adossé contre une des colonnes du portique.

Qui fut furieux le lendemain, ce fut Rougeaud père,
franc-maçon et libre-penseur, qui vit le nom de son
fils en telle société ! Mais Rougeaud fils s'en souciait
peu. Il tenait sa fortune et défiait les colères pater-
nelles.

Le jour suivant, il monta dans son joli coupé doublé
de maroquin bleu et s'en alla s'inscrire chez les principaux chefs du parti. Trois anciens préfets, qui faisaient
antichambre, virent le jeune homme descendre de son
équipage et lurent le nom : *Rougeaud*. Ils en parlèrent.
« Un nouveau venu, un homme riche, élégant, c'est
excellent. » Le surlendemain, Rougeaud s'inscrivait
pour mille francs à une souscription bien notée. Enfin
il prenait vingt abonnements de propagande aux divers
journaux du parti ; quelques heures plus tard, une

large enveloppe lui était remise. Rougeaud l'ouvrit avec émotion. C'était l'avis que M. X..., ancien ministre, recevait tous les vendredis soirs.

Rougeaud arriva le premier. Il se nomma ; l'ancien ministre le complimenta sur son zèle, et le présenta à quelques anciens fonctionnaires. A neuf heures et demie, Rougeaud connaissait six ex-ministres ; à dix heures, douze ex-ambassadeurs ; à dix heures et demie, quarante ex-préfets ; à onze heures, une duchesse ; à onze heures et demie, six marquises, et à minuit, trois altesses.

Huit jours après, la vie de Rougeaud s'était transformée. De larges enveloppes arrivaient de toutes parts. « Mme la princesse sera chez elle... » « M. le duc vous prie de lui faire l'honneur... » Rougeaud ne manquait pas une occasion de se montrer. Et les mariages, et les enterrements ! il y venait et figurait dans les journaux amis. « Nous avons remarqué M. le député A..., M. le sénateur B..., M. X..., ancien ministre, M. Rougeaud. »

M. Rougeaud envoya une nouvelle souscription de cinq mille francs, et il prit cent abonnements de propagande.

Un jour, quelqu'un d'influent lui dit : « Mon cher Rougeaud, j'ai vu avec plaisir que vous aviez pris cent abonnements de propagande, c'est une œuvre excellente. D'autant plus que cela nous prouve que vous avez des prétentions électorales. De quel côté dirigez-vous vos batteries ? »

Rougeaud, qui remettait régulièrement à son domestique les exemplaires de propagande, fut pris au dépourvu. Pourtant il se remit, et dit au hasard : « Je songe aux Pyrénées-Maritimes. »

— Très-bien, mon ami, bon département, très-dévoué. Vous vous présentez évidemment dans la seconde circonscription de Bitreville ; les quatre autres circonscriptions sont occupées par nos amis. Il faut poser hardiment votre candidature. Tenez, voici un des députés du département. Mon cher, je vous recommande M. Rougeaud, qui pose sa candidature à Bitreville. Annoncez-le là-bas.

M. Rougeaud se souciait peu de la députation. Pourquoi être député maintenant qu'il allait chez des princesses? Il se soumit pourtant. Des députés, ses futurs collègues, l'endoctrinèrent : « Une profession de foi très-crâne et beaucoup d'argent, le succès est certain. »

Rougeaud fit une profession de foi très-crâne et très-courte.

« Mes amis,

« Voici ma politique : Vive l'Empereur! »

Puis il donna cent mille francs à ses agents électoraux.

Vous pouvez maintenant le voir à la Chambre, les après-midi où les princesses ne reçoivent pas.

On dit qu'il rôde du côté des légitimistes. Il est partisan de l'union conservatrice, et un vrai duc de l'ancien régime lui a envoyé sa carte.

Que le parti bonapartiste y prenne garde ! Rougeaud

fils a mis cette carte par-dessus toutes les autres. Il la caresse de l'œil et fait de grands efforts pour que d'autres cartes de même sorte viennent la rejoindre dans la grande coupe de Japon. Ah! si Mgr le comte de Chambord daignait! ou simplement si la duchesse de la vieille roche avait une invitation de trop pour son bal de mai prochain! Qui sait sur quels bancs Rougeaud fils siégerait au printemps?

Le vicomte de Badeul a trente-huit ans. Fortune
ébréchée, pas de profession ; belles relations dans tous
les mondes.

— Il est temps de réfléchir sérieusement, se dit-il.
On me conseille de faire un beau mariage. C'est facile
à conseiller. Nous sommes cinq cents fils des meilleures
familles de France qui nous disputons quatorze héri-
tières. Quatorze d'entre nous réussiront, soit : mais si
j'étais parmi les quatre cent quatre-vingt six autres.
Il y a mieux à imaginer. L'industrie ? Les conseils
d'administration solides sont devenus inabordables
et les conseils d'administration fantaisistes trop dangereux. La Bourse ? Je ferai comme tous les gens bien
informés, je perdrai à coup sûr. La diplomatie ?
Attaché d'ambassade à trente-huit ans, je serai second
secrétaire à cinquante avec cinq mille francs de traitement. La politique ? La politique, pourquoi pas ?
Mais quelle politique ? Mes parents sont tous légitimistes, et ils n'ont pas retiré de cette opinion grand
chose d'utile : mon arrière-grand-père, fusillé en Vendée ;

mon grand-père, donnant sa démission de colonel en
1830; mon père oublié sous le second Empire. Ce
sont là de tristes exemples à suivre. Bonapartiste? J'ai
été reçu aux Lundis de l'Impératrice quand j'avais vingt
ans J'y allais à l'insu de mon père. A cette époque,
passe encore. Mais maintenant! Si j'avais dix-huit ans
je viendrais peut-être à eux. Hélas! j'en ai trente-huit;
je risquerais d'avoir les cheveux blancs au jour de la
victoire. Orléaniste? Cela mène à tout; à être légitimiste, j'en viens; à être républicain. Républicain? Pourquoi n'y pas venir tout de suite? Mais mon nom? Les
républicains vont me tenir en suspicion. Fils, petit-
fils, descendant d'une lignée de réactionnaires. Et
mes amis? Quelles injures, quelles colères. Bah! ils
viendront le matin me solliciter en catimini! Essayons.

M. le vicomte de Badeul essaie.

Les journaux républicains rendent compte, un mois
plus tard, d'une brochure de M. le vicomte.

« *Allons à la République* », tel est le titre d'une
» brochure très-remarquée que vient de publier M. le
» vicomte de Badeul. Se séparant avec éclat des gens
» de son monde, M. de Badeul se rallie énergique-
» ment à la République qui, dit-il, est le salut des
» sociétés. M. de Badeul sera sans doute en butte aux
» outrages de ses anciens amis. Il s'en trouvera
» honoré. Un homme de sa valeur devait venir à nous.
» Il ne restera plus bientôt parmi nos adversaires que
» les gens sans intelligence ou sans bonne foi. »

Partout le même accueil est fait à l'opuscule de
M. de Badeul (8 pages in-18). Les chefs du parti

républicain confèrent entre eux. « C'est là un événement grave, un acte qui portera des fruits. Si beaucoup des amis de M. de Badeul l'imitaient, quel effet
moral ! comme les nations étrangères se sentiraient
rassurées. Les Badeul ! ils remontent plus haut que les
croisades. »

Et les chefs du parti républicain qui sentent leur
vanité chatouillée à la pensée de protéger un Badeul,
font offrir au nouveau converti une candidature.

« Au conseil général, c'est peu de chose, mais nous
n'avons pas de collége électoral disponible en ce moment. »

Badeul accepte ; ce qu'il cherche, c'est l'occasion de
faire une profession de foi :

« La République, cette forme supérieure de gouvernement, est définitivement installée en France.
Tous les bons citoyens lui doivent leur concours. »

Badeul est-il élu? Peu importe. Six mois après
on annonce que M. le vicomte de Badeul, si connu
pour ses belles publications, est nommé ambassadeur
de France à Saint-Pétersbourg.

Son cousin, le marquis de Richemont, qui travaille depuis quatorze ans au ministère des affaires
étrangères vient le voir. « Si tu pouvais user de ton
influence pour me faire nommer second secrétaire.

— « Je verrai, j'examinerai, répond Badeul qui est
devenu grave. As-tu des titres sérieux au moins? Tu es
encore bien jeune. » Richemont a six ans de plus que
Badeul, mais il n'a pas su faire choix d'un parti.

MONSIEUR VACHERON.

Pendant trente ans, M. Vacheron n'a pas su qu'il existât un gouvernement en France. C'était un spéculateur audacieux et absorbé. Il n'ignorait pas que pour réussir il *faut* faire *plus* qu'il ne *faut*. Aussi toutes ses pensées étaient données à ses entreprises ; tout au plus, par hasard, quelque plaisir dévoré à la hâte, quelque dîner fin interrompu par une dépêche, quelque aventure galante brusquement terminée par la poursuite éperdue d'un porteur de nouvelle , quelque excursion à Trouville arrêtée à la première heure par un soubresaut des cours. Etre riche, très-riche, non point de cette richesse dont on use, mais de cette richesse par laquelle on domine, tel a été le but unique de M. Vacheron. M. Vacheron est riche aujourd'hui, amplement riche, et il veut dominer.

Dominer ! par quel moyen ? M. Vacheron a songé à aborder les affaires exceptionnelles, les emprunts d'Etat, le haut tripotage en un mot. Il sait bien qu'on peut mener les gouvernements, et les hommes d'Etat lors-

qu'on réussit à se glisser parmi les huit ou dix banquiers qui dispensent les milliards.

Mais M. Vacheron est prudent. Les avantages sont
grands, les risques énormes. Puis le petit clan des
financiers omnipotents est plus fermé que la tribu des
ducs et pairs; s'y faire admettre est malaisé. Sans
compter qu'une fois entré on est exposé à se faire
dévorer par certains insatiables qui n'admettent ni
rivaux, ni alliés.

Comment dominer ? M. Vacheron essaya du luxe à
outrance. Il eut des salons immenses et des invités
choisis. Il acheta à beaux deniers comptants (huit cent
mille francs prêtés sur parole, paraît-il) un duc au
nom célèbre et une duchesse aux robes illustres qui lui
prêtèrent la liste de leurs connaissances. Il ne reçut
que les gens qu'on reçoit, et son salon fut le rendez-
vous du grand monde, c'est-à-dire des neuf sucriers
enrichis, des onze ducs, des quatorze filles de boursiers, des trente-deux marquises authentiques, des
vingt-deux vicomtes aimables, des treize gros financiers
et des huit marchands d'eau-de-vie qui forment aujour-
d'hui l'élite de la société française.

Aller chez M. Vacheron devint l'espérance de tout
ceux qui s'efforcent de coudoyer ces élus. On vit des
gentilshommes encombrés de quartiers, quêter vainement une de ces invitations précieuses et beaucoup se
vantaient d'avoir franchi le seuil de l'hôtel Vacheron
qui n'avaient fait que passer devant la porte.

Eh bien ! Vacheron ne trouvait pas qu'il dominât
suffisamment. En vain vantait-on dans les gazettes la
richesse, l'élégance, la générosité de M. de Vacheron.

En vain les treize financiers et les vingt-deux vicomtes
l'invitaient-ils aux plus intimes de leurs pique-nique ;
en vain quelques-unes des trente-deux marquises lui
envoyaient-elles leurs notes à régler, Vacheron sentait
qu'il ne dominait pas. Le public passait indifférent à ses
côtés. Du haut de son mail-coach, Vacheron voyait bien
la foule s'écarter devant lui, mais quand il allait à pied,
nul, sauf parfois l'un des treize sucriers enrichis, ne faisait attention à sa riche personne. En outre les trente-
deux marquises authentiques avaient parfois des sourires
et des mots à double entente sur les parvenus. Cela donnait la chair de poule à ce pauvre Vacheron, qui jetait
des regards pitoyables du côté des filles des boursiers ;
mais celles-ci prenaient encore de plus grands airs, si
bien que Vacheron se mit à réfléchir.

Ces derniers temps Vacheron a fait un coup d'État.
Un beau jour, en entrant chez Vacheron, un des huit
marchands d'eau-de-vie aperçut au fond du salon
oriental un groupe de nouveaux venus.

Le marchand d'eau-de-vie tressaillit, car Vacheron
a promis au duc qu'en outre des huit cent mille francs
versés il s'engageait à n'inviter désormais personne
d'étranger au « monde qu'on reçoit. » Vacheron a
donc manqué à sa parole, car si le marchand d'eau-de-
vie ne connaît pas les nouveaux venus, c'est qu'ils ne
sont pas du « monde qu'on reçoit. »

Mais voilà que le marchand d'eau-de-vie s'épouvante.
Il croit avoir une hallucination ; maintenant il reconnaît ces intrus : non point qu'il ait jamais parlé à
de telles gens, mais il a jeté les yeux sur leurs photo-
graphies. Il n'y a pas à en douter, c'est bien le parti

républicain tout entier, représenté par ses chefs. Voilà Muller et le gros C..., le général Ragot, le vice-président de la Chambre, et enfin, au centre, à demi-couché sur un canapé, le Triomphant lui-même.

« Suis-je bien éveillé? se dit le marchand d'eau-de-vie. Une semblable société chez Vacheron, l'un des nôtres! »

Il faut bien y croire, car **M.** Vacheron présente le marchand d'eau-de-vie au Triomphant et le Triomphant, chose incroyable, paraît peu se soucier de cette gloire du petit club.

Le marchand d'eau-de-vie a un beau mouvement; il veut sauver ses amis à tout prix, il s'élance dans le vestibule.

Voici justement qu'arrive la marquise de L..., dont le père fut commis et commis peu intègre. Elle est prévenue en deux mots de l'incident. Elle fait avancer ses gens et s'esquive. Nouvel avertissement à la princesse de T..., dont le père fut au bagne en Russie. La princesse pense s'évanouir et disparaît. Quant à la fille du gros entrepreneur du faubourg Saint-Antoine, à celle du sucrier des Batignolles, et à la nièce du petit croupier de Saint-Sébastien, elles s'exclament à la pensée de rencontrer ces gens-là. Peu s'en faut qu'elles ne s'en prennent aux valets de pied..

Trois marquises authentiques voudraient bien entrer. On leur a dit que le Triomphant est homme d'esprit et elles s'en accommoderaient volontiers. Mais le marchand d'eau-de-vie est inflexible et il les met en voiture. Quant aux huit sucriers retirés, ils ont deviné le danger et se sont arrêtés à la porte, car, comme ils le disent, « ils sentent l'homme commun à deux cents pas. »

Vacheron est un peu interloqué de voir sa maison se vider. Le lendemain tout est plein. L'hôtel est encombré de femmes à la mise trop riche ou trop négligée. Les hommes ont des fracs quelque peu démodés ou trop ornés de moire et de velours. L'aspect est médiocre et Vacheron souffre tout d'abord.

Mais quelle revanche bientôt ! Non-seulement tous ses nouveaux amis l'adulent, non-seulement ils admirent avec une bonne foi naïve des splendeurs que les anciens amis affectaient de ne pas regarder, mais ils offrent en échange de l'hospitalité qu'ils reçoivent de sérieux retours.

Ils ne veulent pas être en reste de bons procédés. L'hôte, qui les initie aux joies des fantaisies luxueuses, est pourvu par eux d'un brevet de haute intelligence et de réel patriotisme.

« Quel noble usage il fait de sa fortune, ce Mécène qui traite les élus du peuple ! Le peuple ne saurait l'estimer moins que s'il traitait le peuple lui-même. »

Et le peuple, bon enfant, ne proteste pas ; il se met aimer ceux chez qui se réjouissent ses favoris du jour. En lisant les menus admirables que M. Vacheron a combinés en l'honneur des élus de la démocratie, l'ouvrier savoure avec satisfaction son morceau de bœuf bouilli. M. Vacheron devient populaire par les mêmes moyens qui font honnir les autres.

Le pauvre diable qui passe devant l'hôtel voisin de l'hôtel Vacheron montre le poing et murmure des menaces. Pourtant, l'hôtel voisin est mesquin et le pro-

priétaire a fondé un hôpital. Devant l'hôtel Vacheron,
on n'entend que des bénédictions : « Celui-là est un ami
du peuple », dit le serrurier au maçon, « il avait hier
encore notre député à dîner ». La porte s'ouvre ; une
calèche superbe sort brusquement : « gare ! gare ! »
les deux ouvriers sont éclaboussés ; ils ne s'en fâchent
pourtant pas.

« Dire, s'écrient-ils, qu'un homme qui a de si beaux
chevaux ne dédaigne pas de frayer avec nos amis ! »
Et ils sont tentés d'applaudir. Ils tiennent compte à
Vacheron de ce qu'il s'entoure d'hommes d'une condition inférieure, tandis qu'il pourrait se procurer à
meilleur marché tout un lot de gentilshommes.

Le peuple est d'une étonnante et naïve modestie.
Il a parfois des révoltes d'orgueil, mais au repos il conserve l'habitude qu'il a contractée de subir des humi-
liations, et, lorsqu'on a l'air de le prendre, lui ou les
siens, en considération, il éprouve une reconnaissance
inconsciente. Chaque homme du peuple aspire à humilier ses pareils, à frayer avec les grands, qu'il hait mais
qu'il vénère ; aussi trouvera-t-il merveilleux qu'un
riche échappe à cette tentation. De l'admiration à la
confiance, il n'y a pas loin.

M. Vacheron aura donc de grandes facilités le
jour où son ambition poursuivra un but pratique.
« C'est M. Vacheron », diront aux électeurs les meneurs de la démocratie (ou du moins les meneurs du
parti républicain, qui a eu l'habileté de confisquer la
démocratie à son profit), « M. Vacheron l'ami de vos
amis, M. Vacheron qui emploie noblement sa fortune ;
ah ! puissent tous les riches lui ressembler ! » Et le

peuple criera : « Vive **M. Vacheron** ! » D'autant plus que M. Vacheron peut répandre des bienfaits qui, de sa part, n'humilient personne.

Et quelle douce vengeance Vacheron tirera de ses anciens intimes ! En vain les huit marchands d'eau-de-vie hausseront-ils les épaules en voyant l'hôtel Vacheron splendidement illuminé ; en vain diront-ils d'un air méprisant : « Le salon de Vacheron est plein, mais il n'y a *personne de connaissance.* » Vacheron imprimé tout vif au *Journal officiel*, Vacheron pourvu de grandes charges publiques. Vacheron dont, bon gré malgré, il leur faudra un jour implorer la bienveillance pour quelque affaire à conclure ou quelque catastrophe à éviter , Vacheron promu penseur, homme d'État, tribun, Vacheron les écrasera de son indifférence ou même de sa protection. C'est ainsi que Vacheron proclamera la vérité de la parole évangélique :

Quiconque s'abaisse sera élevé !

Pierre Durand est un homme inflexible et il s'en vante. Il a été de toutes les émeutes et il y a payé de sa personne. Il a subi quatre condamnations, a passé six ans en exil et porte encore sur le bras la cicatrice d'une blessure reçue pour la bonne cause. On l'a surnommé le martyr. Inutile de dire qu'il n'a jamais voulu prêter serment à l'Empire, qu'il a collaboré à dix journaux ardents et qu'il accuse tous ses amis d'être de la police. Durand inspire de l'estime même à ses adversaires. « Il a bien souffert pour ses idées, » disent ses ennemis les plus acharnés. Brisetout, qui le traite de « vieille barbe », n'a pu s'empêcher de dire : « Durand a donné son sang pour sa cause et le sang versé même mal à propos efface bien des souillures. » Quant à Durand, il est plein de mépris pour les gens qui « s'engraissent, comme il dit, du sang des autres ». Il traite les modérés avec dédain. Ces hommes qui « croient faire avancer l'humanité en rampant toujours» l'exaspèrent. Il a des protestations indignées qui in-

quiétent les hommes soucieux de bonne politique.
« N'allons pas si vite, Durand, ne faisons pas courir à
la République le risque de recevoir comme vous une
balle dans le bras. » Mais le martyr rugit et s'écrie :
« La République doit comme nous tout son sang au
progrès, » ce qui ne signifie rien et fait par conséquent
beaucoup d'effet. Or, un jour certain journaliste, en
quête d'hommes illustres à étudier, vint chez le martyr.
Ce journaliste avait la spécialité de faire des portraits.
Il en livrait deux par semaine au directeur de son
journal et voilà deux ans que cela durait. Le métier
était bon, le public goûtait l'écrivain qui, suivant l'u-
sage des hommes de notre temps, continuait à exploiter
le filon qu'il avait trouvé. Il en était au deux cent-
huitième portrait ; il avait décrit de face et de profil le
Triomphant, monsieur le duc, le vidame et cent autres, même le jeune M. Riri. De sorte que les illustrations à décrire se rapetissaient : car quel que soit
le nombre de ces illustrations contemporaines, si mul-
tiples que beaucoup d'entre elles sont à peu près inconnues, elles ne sont pas illimitées. Le journaliste songea
au martyr. « Un beau caractère, » se dit-il. Et après
avoir écrit sur une feuille de papier ce titre alléchant :
« Le Dernier des martyrs, » il s'en alla chez Pierre Durand afin de faire ample moisson de détails inédits.

Le martyr reçut le journaliste assez froidement. « Je
ne demande rien, dit-il, à la publicité vulgaire ; pourvu
que les hommes dévoués à ma cause m'accordent leur
estime, cela me suffit. Or, ceux-là me connaissent et
ils ne modifieront plus leur opinion sur mon compte. »

Le journaliste fut ravi. « Voilà bien, se dit-il,

l'homme que je venais chercher, le martyr indifférent aux vaines préoccupations de la vanité. Quel superbe mot de la fin il me fournit pour mon article. »

« Cependant, monsieur Durand, dit le journaliste, il
est bon que le monde frivole qui lit mon journal
sache quels hommes intraitables, quels admirables
caractères se trouvent dans votre parti. En racontant
votre noble vie, je servirai votre noble cause. »

Le martyr réfléchit et dit : « Vous avez raison. Encore ce sacrifice pour le progrès humain. »

Et il commença : « J'ai soixante-deux ans, monsieur.
je suis né dans une échoppe de savetier et je n'en
rougis pas. »

Le journaliste jeta les yeux autour de lui. Le martyr le recevait dans un vaste cabinet de travail sévèrement mais confortablement meublé. Partout de beaux
bronzes représentant de grands hommes ; une immense bibliothèque toute pleine de livres ; de larges et
riches fauteuils. Le journaliste avait traversé un appartement bourgeois mais convenable et la porte lui
avait été ouverte par un domestique en livrée. Il fit
involontairement une comparaison entre le point de
départ, l'échoppe, et le point d'arrivée, l'appartement,
et il dressa l'oreille.

« A quinze ans, reprit le martyr, je ne savais pas
lire. J'étais apprenti maçon et je serais sans doute resté
toute ma vie à gâcher du plâtre, si un jour je n'avais
pas eu querelle avec un agent de l'autorité. Il s'agissait d'une manifestation populaire. On criait : « A bas le
Gouvernement ! » Sans savoir pourquoi, je criai comme
les autres, et en outre je frappai. Le tribunal, sans pitié,

me condamna, malgré mon âge, à deux mois de prison.
Je souffrais déjà pour la liberté. Quand je sortis de
prison, je trouvai deux dignes amis de la liberté qui
avaient remarqué ma tenue énergique aux débats (j'avais
refusé de répondre au président en lui disant que
j'étais du peuple et que le peuple était le seul juge).
Ces protecteurs me firent entrer dans un atelier que
dirigeait l'un d'entre eux et qui était rempli d'ouvriers
bien pensants. Ah! l'on travaillait ferme et l'on n'était
pas payé cher! Mais le soir on nous réunissait et on
nous fortifiait dans les bonnes doctrines. Là, j'appris
peu à peu à lire, et à vingt ans j'écrivais, sans orthographe. Je profitai de ma science pour faire un jour
d'émeute lecture à haute voix d'une proclamation furibonde qu'avait élaborée mon patron.

Cela me valut trois ans de prison, ma seconde condamnation. Le directeur de la prison était des nôtres.
Il croyait à la chute prochaine du régime qui oppri-
mait la France; on lui avait fait pour ce jour-là de
belles promesses. Il me traita doucement, m'épargna
les rudes travaux, m'attacha aux bureaux de la maison
et pendant ces trois années je m'instruisis comme
dans un collège. La bibliothèque de la prison fut
dévorée par moi, deux journalistes qui faisaient leur
peine me servirent de maîtres. En sortant de la prison
j'étais capable de rédiger un article, avec le bon concours du prote.

— Diable, fit le journaliste, mais voilà une condamnation que vous ne devez pas regretter.

— On ne regrette jamais d'avoir souffert pour la
liberté. Les journaux accueillirent mes articles avec

faveur. Je ne les faisais pas payer cher, car habitué à
la paie de l'ouvrier, je me trouvais heureux de peu ;
puis je signai longtemps « Durand ouvrier », ce qui
faisait plaisir. J'écrivis donc souvent et avec succès.
Mais les émeutes se multipliaient, le jour du triomphe
approchait ; la monarchie tomba. Ce fut au 24 février
que je fus blessé au bras.

— Une grave blessure ?

— Oui, je restai trois jours au lit. Et je portai deux
mois le bras en écharpe, ce qui intéressa les électeurs ;
ils me nommèrent représentant du peuple.

— Voilà une balle bien placée, dit le journaliste, qui
ajouta en a parte, « placée à gros intérêts. »

— Une balle est toujours bien placée quand elle
entre dans le bras d'un citoyen ; le sang qu'elle fait
couler est fécond. Comme représentant du peuple, je
n'ai jamais transigé avec les principes. Mes votes sont
connus. Si la République avait été remise entre mes
mains, elle n'eût jamais succombé. Je n'ai pas transigé
avec les principes. Aussi ma destinée était tracée
d'avance. Quand la République périt, je péris avec elle.

— Qu'entendez-vous par là ?

— C'est une figure. Je péris, c'est-à-dire que je fus
obligé de quitter la patrie et n'est-ce pas là une mort
véritable, la plus cruelle de toutes ? Exil, triste et malheureux exil !

— Vous avez dû bien souffrir.

— Certes, la privation du pays natal, la pensée de
la tyrannie qui se déchaînait contre nos amis, tortures
abominables !

— C'est vrai, mais il y a d'autres tortures plus matérielles. Comment avez-vous vécu en exil?

— De ma plume d'abord. Nous remplissions l'Europe de pamphlets écrits contre nos oppresseurs. Les premiers se vendirent bien; aussi chacun de nous voulut en publier et la concurrence nous ruina. Moi je passai en Angleterre où je donnai des leçons de français, c'est là que je rencontrai Jenny, ma femme bien-aimée.

— Vous êtes marié?

— Veuf, hélas! Jenny fut touchée de mon infortune; je l'initiai aux grandes conceptions des idées sublimes, à l'amour du progrès. Et un jour, sortant furtivement de la maison paternelle, elle unit son sort à celui du proscrit. Ame généreuse! Son père, un bourgeois arriéré, fut bien obligé de céder à nos prières, car nous fûmes bientôt trois à l'implorer. Aujourd'hui Jenny n'est plus. Mais son souvenir m'environne.

(Le journaliste jeta involontairement les yeux sur le mobilier du cabinet et approuva du geste.)

— Vous êtes rentré en France?

— Plus tard. Mais la tête haute. Je fus l'un des fondateurs du journal les *Droits populaires*. Mes convictions, mes antécédents et ma fortune me le permettaient. Les *Droits populaires* ont continué à m'enrichir. De sorte que les colères et les haines qu'avait suscitées le tyran ont servi au bien d'un patriote. Admirable ironie du sort!

— Je croyais que les *Droits populaires* avaient eu de la peine à vivre.

— Oui, tout d'abord, mais après la condamnation

que j'obtins pour un article intitulé « Canailles! » le
journal vit rapidement augmenter son tirage et nous
gagnâmes beaucoup d'argent. J'ai depuis participé à
d'autres combinaisons de cette espèce. Elles sont
fructueuses, mais je n'engage plus mes capitaux, je
préfère que d'autres profitent de leur dévouement au
progrès. Je me contente de ma situation de rédacteur.

— Vous ne m'avez pas encore parlé de votre quatrième condamnation ?

— Hélas ! ce fut la plus cruelle. Etre frappé par des
républicains ! par des frères ! Ne m'interrogez pas.

— Est-ce que vous auriez participé à certains événements ?

— Peu, très-peu, comme médiateur. Enfin, quelques semaines de prison ! La vérité se fera. Mais, sans
des amis puissants, qui sait ce qui me fût arrivé ! Je
n'ai jamais transigé avec les principes, moi. Enfin ! la
postérité jugera.

Le martyr paraissait embarrassé, le journaliste
n'insista pas.

— Je voudrais simplement savoir ce qui est advenu
de votre quatrième condamnation. J'ai remarqué que,
par une véritable justice du sort, vous aviez tiré quelque avantage de chacune de vos mésaventures. Votre
première condamnation vous a donné des protecteurs ;
la seconde vous a procuré l'instruction ; votre blessure
vous a porté à la députation ; l'exil vous a fait heureux et riche ; puis votre troisième condamnation a
augmenté votre fortune ; que devez-vous à votre
quatrième malheur ?

— Je ne sais, monsieur, ce que vous voulez dire.

J'ai souffert pour la liberté, et ma vie n'a été qu'un long martyre. Après ma dernière condamnation, il m'a fallu faire un nouveau sacrifice. Moi, vieillard, qui aspire au repos, j'ai dû céder aux vœux du peuple qui voulait qu'un champion déterminé de ses droits contrôlât les actes de ces jeunes gens qui n'ont jamais souffert pour leurs idées. Me voici de nouveau membre de nos Assemblées; je dirige un journal que le peuple estime et lit.

— De plus hautes destinées vous attendent encore, monsieur, si de nouveau le sort vous persécute.

— Je m'y soumettrai, monsieur. Le succès de la bonne cause avant tout!

— Changeons mon titre, se dit le journaliste en sortant. Supprimons « le Dernier des martyrs », j'ai mieux que cela.

Et le lendemain, on lisait en tête du journal :

« Pierre Durand, le plus heureux des martyrs. »

M. Anatole n'a encore que vingt-quatre ans et six
mois. Toute la contrée est dans la désolation à ce
sujet; car la période électorale va s'ouvrir, et M. Anatole ne pourra point se présenter aux suffrages en-
thousiastes de ses compatriotes. Quand le père Mathurin parle de ce cruel contretemps, il a des larmes
plein les yeux. « Qu'est-ce que nous allons devenir,
dit-il, nous n'aurons donc pas de député? — Eh !
prenez-en un autre , lui répond un étranger. — Un
autre ! fait le père Mathurin scandalisé, un autre que
M. Anatole ! Croyez-vous donc que nous sommes des
ingrats ! »

Et l'étranger s'en va persuadé que, malgré sa jeunesse, M. Anatole a rendu à son pays natal quelque
immense service.

Par exemple, l'étranger, s'il a la chance de rencontrer en chemin M. Anatole, changera peut-être d'opinion. Perché sur son dog-car, M. Anatole parcourt le
pays. Les cheveux élégamment ramenés sur le front,
le chapeau incliné en arrière, habillé d'un vêtement
anglais à la forme bizarre, le jeune homme, aimé du

peuple, offre à l'admiration des masses sa figure blanche
et rose et son pied cambré qu'il met habilement en
évidence. Ce n'est ni un sot ni un méchant garçon,
mais il a justement les qualités et les défauts qui
d'ordinaire sont le plus antipathiques aux foules. Il est
frêle, gracieux, mièvre dans ses discours, un peu
timide et féminin, de goûts délicats, d'habitudes mi-
naudières. S'il dépassait les limites du pays dont il
semble l'idole, le premier bouvier venu le toiserait
avec mépris et dirait : « C'est pas un homme. » Mais
dans la contrée où il a le bonheur d'être né, il peut
tout faire; tout lui est permis, car c'est le fils !

Le fils de qui? d'un grand homme? Certes non.
M. Tisserand, son père, n'a jamais cherché la célébrité
et a suivi exactement les traditions de M. Tisserand,
grand-père, qui disait : « Quand on parle tant des gens,
c'est qu'il y a quelque chose de suspect dans leur vie. »
Les Tisserand sont-ils donc d'une famille considérable
et puissante? Non plus; l'arrière-grand-père tenait
auberge, et les gens très-vieux se rappellent qu'il avait
la poigne solide quand il fallait faire régler la note.

Les Tisserand sont-ils très-riches? Pas davantage. Ils
ont conquis peu à peu une honorable aisance, mais il
existe dans le pays.cinquante maisons plus opulentes.
Leurs domaines sont médiocres et le jeune Tisserand,
Anatole, ne met pas bien longtemps à parcourir, au trot
de son double poney, les prés et les vignobles pater-
nels.

Très-généreux alors, les Tisserand? Pas le moins
du monde, ils ont conservé les habitudes de l'arrière-
grand-père. Le fermier qui ne paie pas exactement est

expulsé sans pitié. Ils ne se gênent pas pour faire saisir
les biens de leurs débiteurs ; deux ou trois mendiants
courent le pays, racontant qu'ils ont été ruinés par les
exigences des Tisserand et essayant vainement d'a-
meuter contre ceux-ci les paysans.

Et cependant voilà quarante ans que les Tisserand
représentent leur pays natal aux différentes Assemblées.
On leur a suscité dix concurrents qui ont jeté l'or à
flots, qui ont prodigué des trésors d'éloquence, qui ont
invoqué les plus grands principes et multiplié les promesses. Cela n'a abouti à rien et les Tisserand n'ont
jamais conçu de ces rivalités la moindre inquiétude.
Ils sont les maîtres. La politique cède devant leur
influence. De l'autre côté du ruisseau qui sépare leur
fief électoral de la circonscription voisine, les paysans
professent les opinions les plus révolutionnaires. Ils
ont nommé député un meunier ruiné, condamné plusieurs fois pour avoir fait partie de sociétés secrètes et
qui, dans l'intimité, déclare qu'il y a mille têtes de trop
dans le département. Les paysans qui votent pour
M. Tisserand ne diffèrent guère des électeurs du meunier, et parfois quand les foires ont été bonnes et que le
vin est versé largement, on entend de terribles propos
dans les auberges. Mais lorsqu'il s'agit d'élection et des
Tisserand, dont les opinions sont pourtant modérées et
pacifiques, ces velléités révolutionnaires disparaissent.
En vain les voisins de l'autre côté du ruisseau enjam-
bent la limite et reprochent aux électeurs des Tisserand
une si extraordinaire fidélité, ceux-ci ne se laissent pas
déconcerter.

« Ah ! fi ! fait un séide du meunier, fi ! nommer un

bourgeois, un homme qui vit du travail des paysans,
un homme qui nous opprime, quoi ! et qui veut ramener
la dîme et la rente. Faut pas être un citoyen pour se
laisser enjoler ainsi !

— Possible, fait le séide de M. Tisserand, mais
« opprimeur » ou non, c'est un « *fameux député.* »

Et le fait est que les Tisserand sont de *fameux députés.* Où ont-ils appris cet art difficile ? Est-ce d'instinct qu'ils le connaissent ? Peu importe, ils le prati-
quent merveilleusement.

Ce fut par un pur hasard que Tisserand, le grand-père,
devint député il y a quarante-deux ans. De graves dis-
sensions agitaient le pays, le divisaient en cinq ou six
factions qui ne craignaient qu'une chose, assister au
triomphe d'une des factions rivales. On choisit alors un
homme obscur, dont le succès ne serait celui d'aucun
des partis en présence, et l'on fit ce choix d'autant
plus volontiers que l'élection avait lieu à la suite d'un
décès et que la législature devait prendre fin dans
quelques mois. Tisserand fut l'obscur citoyen destiné
à occuper la place en attendant que, par des alliances
habiles, quelqu'un des partis se fût assuré la prépon-
dérance.

A peine nommé, Tisserand, grand-père, montra une
activité incroyable. On ne le vit que deux fois à la
Chambre, il avait des occupations plus pressantes.

Dès son arrivée à Paris, il se livra à des courses
innombrables. Seul, à pied, le bâton à la main, il ar-
pentait la ville. Dès huit heures du matin il se mettait
à l'ouvrage. Son plan était fait pour la journée. « Aller
au ministère de la guerre pour recommander Isidore,

gendarme, qui veut de l'avancement. Au même ministère de la guerre parler du capitaine Duménil (dont le frère est électeur', qui aspire à devenir commandant. Passer chez le traiteur Drevet et dresser le menu du dîner que le notaire Dumont veut donner à ses collègues, et dont il entend faire venir de Paris les pièces principales. Se rendre à la direction de l'enregistrement, afin d'activer la nomination des quatorze neveux ou fils de quatorze électeurs. Ne pas oublier de voir l'administrateur des forêts en faveur de six gardes principaux, sans dédaigner les hypothèques où, paraît-il, on est accessible aux solliciteurs persévérants. Savoir si la couturière de la comtesse est en mesure d'expédier demain la robe de bal et passer chez la corsetière de la marquise, qui a complétement manqué son dernier envoi. Pour le ministre des travaux publics, il y a une série de demandes concernant les ponts, les canaux, les routes ; mais aux cultes, il faut s'occuper de quatre-vingt-deux pétitions, sans compter que treize pères de familles exigent qu'on obtienne des bourses pour leurs enfants, et, qu'en cas de réussite, il faudra commander les uniformes de ces collégiens. »

A neuf heures du soir, Tisserand grand-père rentrait chez lui et jusqu'à minuit il expédiait sa correspondance, rendant compte des efforts tentés et des résultats obtenus. Tisserand, peu influent, ne possédant aucune relation, n'effrayant le ministère ni par son éloquence, ni par son hostilité, eût tout d'abord plus d'échecs que de succès à consigner dans ses lettres. Mais il fut si obstiné, si importun ; il dérangea si souvent et si désagréablement les fonctionnaires que, pour

se débarrasser de lui, on lui accorda quelques petites
choses, peut-être la centième partie de ce qu'il demandait. Or, cette centième partie était énorme, et lorsque
la législature prit fin, Tisserand, qui n'avait pas
siégé, avait rendu plus de petits services à ses électeurs
que n'avaient fait ensemble tous les députés du département depuis vingt années.

Aussi, les vrais chefs de partis eurent beau faire,
Tisserand fut réélu avec une forte majorité. Son sys-
tème ayant réussi, il ne le changea pas, mais il le per-
fectionna. Restant le commissionnaire attitré de ses
électeurs, chargé de leurs achats, de leurs pétitions et
de leurs réclamations, il devint aussi leur cicerone. En
ce temps-là, le cens existait encore, et les électeurs
étaient peu nombreux. De plus, on voyageait moins
fréquemment. Aussi dès qu'un électeur arrivait à Paris, Tisserand l'attendait à la descente de la diligence.
Une chambre avait été retenue par les soins du député ;
le feu avait été allumé par les ordres du député ; le lit
soigneusement bassiné sous l'œil du député ; puis le
lendemain le député promenait son commettant, lui
expliquait le musée du Louvre, l'initiait aux beautés
de la sainte Chapelle, parfois même le menait à la
Chambre (mais seulement pour lui en faire les honneurs). Enfin il poussait la complaisance jusqu'aux ex-
trêmes limites, lui conseillant de passer la soirée dans
tel théâtre et le conduisant jusqu'à la Grande-Chaumière. Ce jour-là les ministères s'étonnaient. On re-
marquait l'absence de l'honorable M. Tisserand, et
même on la regrettait, car peu à peu d'insupportable
qu'il semblait tout d'abord, Tisserand était devenu

sympathique. A force de voir son visage, on s'y était
habitué ; comme il circulait incessamment d'une administration à une autre, il savait une foule de nouvelles
qu'il transportait pour se faire bien venir.

De plus, on était si bien accoutumé à tout lui accorder, qu'on évitait avec lui l'embarras de faire un choix.
Quand il y avait plusieurs postulants pour une fonction, on demandait « quel est celui que recommande
M. Tisserand? » Il y en avait toujours un, et l'on
nommait celui-là. Aussi, peu à peu, la France entière se
couvrait de compatriotes de M. Tisserand, et cette circonscription si ardemment représentée devenait une
pépinière de fonctionnaires.

D'autre part, comme, sur les instances de Tisserand,
on avait entrepris beaucoup d'améliorations en ce pays
fortuné et qu'une amélioration oblige toujours à en
faire une autre, on ne pouvait plus s'arrêter et le budget ne cessait d'alimenter les besoins énormes d'une
population gorgée.

En vain les ministres croulaient, en vain les régimes
se modifiaient, l'influence de Tisserand ne s'éteignait
pas. Il ne daignait pas connaître les ministres, fantômes impuissants qui disparaissent, entraînant avec
eux leurs protégés ; il était l'ami des chefs de bureau
qui règnent et qui gouvernent. Et plus les crises se
succédaient, plus Tisserand demeurait omnipotent.
Les chefs de bureau voyaient arriver chez eux des
figures inconnues, des députés nouveau-venus qui
parlaient en maîtres et prétendaient donner des ordres.
Aussi, mécontents et inquiets, les chefs de bureau
mettaient la plus mauvaise grâce à satisfaire des exi-

gences ainsi formulées. Tandis que, quand Tisserand arrivait, le sourire aux lèvres, la main tendue, tout escorté des souvenirs du bon vieux temps, on le remerciait presque d'apparaître et d'apporter une diversion aux inquiétudes du moment présent.

Tisserand grand-père mourut du suffrage universel et des chemins de fer. Il n'avait pas l'esprit large ; il se dit avec épouvante que, quand il faudrait solliciter des places pour quarante mille électeurs et mener cent voyageurs par jour à la Grande-Chaumière, il n'y suffirait plus ; et à la veille de la première élection faite par la volonté de tous, il s'éteignit désespéré.

Tisserand, père, le fils du défunt, ne songeait pas à la politique. Il avait arrondi sa fortune dans l'industrie. On vint le chercher à son usine.

Deux mille paysans se présentèrent un jour à la porte, hurlant des mots incompréhensibles. Tisserand père eut peur. « Voilà, dit-il à sa femme, le jour de l'expiation qui commence. Mon père a été le favori et le bienfaiteur des classes élevées, les classes inférieures se vengent. Embrasse-moi, Emma, et mourons ensemble. »

Tout à coup la porte céda sous une violente poussée ; la foule se rua dans la maison et saisissant Tisserand père l'enleva avec des hurrahs. On le transporta sur la place publique plus mort que vif, et là il entendit distinctement qu'on criait : « Vive M. Tisserand ! vive notre député ! »

Les paysans avaient profité des ponts, des routes, des canaux, des écoles, des églises et ils se disaient :

« Si le père député des bourgeois a tant fait pour eux, le fils député des paysans fera autant pour nous. »

L'élection fut une acclamation.

Tisserand père dut modifier les procédés de Tisserand grand-père, sans pourtant les abandonner tout à fait. Il eut soin de rendre visite à tous les chefs de bureau et partout il constata de sincères regrets. « Votre cher et digne père, lui disait-on, était un homme bien dévoué ! Chaque jour il venait ici nous demander quelque chose. Il nous manque bien, allez ! » Tisserand rassura ces braves gens en leur promettant qu'on le verrait aussi fréquemment qu'on voyait son père. Et il tint parole. Un jour qu'il avait des loisirs il se rendit à la Chambre et demanda à un huissier par simple curiosité où siégeait feu M. Tisserand.

« Je suis depuis vingt ans ici, et je ne connais pas ce nom, fit l'huissier. »

Enfin, à force de recherches on trouva un vieux routier qui s'écria : « Tisserand ! l'absent ! Très-bien. Il siégeait là, où vous voyez ces gros livres. » Et en effet, Tisserand vit une place encombrée de volumineux in-folio. « C'est bien simple, reprit l'huissier, la place de M. Tisserand étant toujours vide, ses collègues ont pris l'habitude d'y poser les volumes embarrassants dont ils peuvent avoir besoin en séance. Mais monsieur est le fils de ce regretté député. Si monsieur veut prendre la place de son père, je vais la débarrasser. »

— Merci, c'est inutile, fit majestueusement M. Tisserand.

Et il se retira.

Il continua à demander des places pour les bourgeois gênés, à solliciter des secours pour les communes ambitieuses, et à acheter des bottines pour les dames coquettes. Il promena à travers la ville des bandes de provinciaux, mais il agrandit bientôt ses visées.

L'heure des chemins de fer était venue, avons-nous dit; c'était une mêlée générale où chacun essayait de conquérir une ligne ferrée au détriment de ses voisins. L'homme qui dotait son département d'un bout de voie passait immédiatement au rang de divinité.

Tisserand fut dieu. Il visita les ingénieurs, les financiers, les administrateurs, se fit lui-même ingénieur, financier et administrateur pour discuter pied à pied. Son père consacrait ses journées aux sollicitations, lui y consacra ses journées et ses nuits. A trois heures du matin, il pénétrait chez ceux qui faisaient le tracé et les réveillant en sursaut, il leur expliquait jusqu'au jour les avantages que présentait le passage de la ligne par sa circonscription. Or cette circonscription est montagneuse, privée de grandes villes, écartée des anciennes grandes routes. Cela n'y faisait rien, Tisserand employait la force. Au moment d'une décision, il ne se coucha pas pendant trois jours et passa une nuit assis dans un escalier afin d'attendre la sortie d'un personnage qui avait barricadé sa porte. « Si l'on ne m'accorde pas ce que je demande, avait-il dit d'un air égaré, je ne sais pas de quoi je suis capable. » Et le personnage avait frémi.

Le tracé traversa la circonscription de Tisserand. Ce fut pour le député une cause d'épouvantables embarras. Ses quarante mille électeurs exigeaient que la ligne passât devant leur grange et qu'une station fût

établie en face de leur porte. Ce que souffrit Tisserand est inénarrable. Il obtint bien huit stations pour
une distance qui n'en eût pas exigé plus de deux (ce
qui depuis vingt ans cause un retard de trente-cinq
minutes à tous les trains omnibus de la ligne), mais il
y eut pourtant des mécontents. Ce fut le seul jour où
la popularité des Tisserand déclina; il est vrai que
c'est le seul jour où l'un d'eux eut rendu au pays un
service signalé.

Pour reconquérir ce qu'il avait perdu, Tisserand eut
une idée lumineuse. Il comprit que sans abandonner
la bourgeoisie, il fallait se mettre en rapport direct
avec le peuple et il divisa son temps entre Paris et sa
circonscription. Il avait jadis fait son droit et il se rap-
pelait vaguement quelques articles du Code civil (ce
qui du reste le gêna plus tard dans le maniement des
affaires litigieuses). Il déclara qu'il était disposé à donner des avis à ceux qui voudraient bien lui en demander et en peu de temps sa maison devint un véritable
cabinet de consultations. Qu'il s'agît d'une succession,
d'une vente, d'un achat de bestiaux, d'un procès, on
venait chez Tisserand, qui ne conseillait pas à la
légère.

« Il faut examiner, disait-il. Certes, la terre que vous
voulez acheter est bonne. Le foin y viendra serré et
haut; mais on vous demande un gros prix, réfléchissez.
C'est grave de se mettre dans les dettes. » Ou bien :
« Votre voisin vous a trompé; le bon droit est avec
vous, mais les procès coûtent cher. » Comme règle de
conduite, il finissait toujours par conseiller au paysan
ce dont celui-ci avait envie, et cela ne réussissait pas

trop mal, les paysans ayant dans leurs propres affaires un sens très-fin de leurs intérêts.

Peu à peu Tisserand devint le confident de la plupart de ses électeurs ; il savait leurs secrets de famille, était initié à toutes leurs spéculations, connaissait et devinait toutes leurs espérances. Comment l'aurait-on remplacé ? En vain les empires s'effondraient, en vain les révolutions se déchaînaient. « Si nous ne nommons pas M. Tisserand, se disaient les électeurs, il ne s'occupera plus de nos affaires. »

Eh bien ! chose effroyable ! M. Tisserand, second du nom, vient de mourir. Et cela justement au moment où l'on allait toucher au port, au moment où M. Anatole Tisserand fils allait atteindre sa vingt-cinquième année ; six mois encore et la circonscription était sauvée ! M. Tisserand fils , héritier des traditions de la famille, allait remplacer son père et son grand-père. Mais la loi est impitoyable ; l'élection approche, que faire ? De là l'agitation dont nous avons parlé, le désespoir des populations et l'anxiété générale.

« Nous ne voterons pas, s'écrient les paysans ; il n'y aura pas de député.

— Hélas ! il y en aura un, leur répond-on ; les rares adversaires de M. Tisserand feront passer un concurrent au second tour avec quelques centaines de voix. »

Et l'on se désolait.

Enfin, un orateur s'écria : « Mais le jeune homme aura vingt-cinq ans dans six mois ?

— Oui.

— Eh bien ! nommons-le.

— Son élection sera annulée.

— C'est juste ; mais pendant ce temps-là il vieil-
lira et nous le renommerons jusqu'à ce qu'il ait l'âge. »

Et cela fut fait. Élection, invalidation, et, grâce aux
délais et aux lenteurs, nomination définitive de Tisserand fils qui a eu vingt-cinq ans le matin même de
sa validation.

Perpétuera-t-il la popularité de sa famille ? Nous
l'ignorons, mais il l'espère.

Pour le moment, il n'a pas encore perdu cette popularité, et en voici la preuve :

Devenu député, il s'est marié. Dernièrement, sa
femme a mis au jour un enfant. Dès qu'on a appris ce
grand événement, tous les gros bonnets du pays sont
accourus joyeux, empressés.

« Est-ce un garçon ? demandaient-ils.

— Non, leur répondait-on ; c'est une fille. »

Alors deux des plus hardis entrèrent dans la maison
et, s'adressant à M. Anatole Tisserand :

« Il faut recommencer ça, notre député, et le plus
vite possible, encore ! Nous ne voulons pas risquer de
n'avoir pas de représentant dans vingt-cinq ans d'ici. »

M. Arnaud est candidat du gouvernement. Il affirme qu'on lui a forcé la main. C'est un homme de bon conseil et de mœurs douces, intelligent, honnête, riche, estimé. Il jouit dans sa province de la sympathie générale. Ses préférences politiques ne sont pas ignorées, il ne les cache pas ; mais, comme il est bienveillant et aimable avec tout le monde, ses adversaires lui savent gré de sa franchise, sûrs que ces préférences ne le pousseront jamais à de mauvaises actions.

Le gouvernement a jeté les yeux sur M. Arnaud. Le préfet, qui est ambitieux et avisé, a écrit au ministre : « M. Arnaud nous aidera plus qu'il ne sera aidé par nous », car il se trouve que les préférences politiques de M. Arnaud le rattachent au gouvernement qui va présider aux élections.

M. Arnaud hésite. De la meilleure foi du monde, il fait des objections. Grandes allées et venues entre son logis et la préfecture. Le parti auquel M. Arnaud appartient est en émoi. Le préfet ne dort plus. On raconte que le secrétaire général aurait dit : « Le préfet donnera sa démission si M. Arnaud n'accepte pas. Sans Arnaud, il n'est sûr de rien. » Le général cause de la grande affaire avec ses aides de camp, et l'évêque a par deux fois envoyé un de ses vicaires chez le candidat récalcitrant.

M. Arnaud résiste encore, mais plus faiblement. Il se plaint, se désole, s'indigne contre la persécution dont il est l'objet. « C'est intolérable, dit-il ; pourquoi ne me laisse t-on pas tranquille ? » M. Arnaud est cependant une victime résignée. Et au fond, mais tout au fond du cœur, il savoure ces instances intolérables.

Enfin, on frappe le dernier coup. Une députation s'avance : les trois banquiers, le secrétaire général, douze commerçants, trois gentilhommes de la rue Haute. M. Arnaud, prévenu depuis deux jours, est à ce point surpris qu'il en perd la parole : « Mes amis, que puis-je vous dire ? — Quel honneur ! — Je suis indigne ! — Allons, pour le pays, je tenterai, j'essaierai... » M. le préfet arrive sur ces entrefaites, il embrasse le candidat, et l'on convient d'un plan de campagne.

« Le gouvernement vous soutiendra énergiquement, dit le préfet. Nous mettons toute notre influence à votre disposition. Usez-en. Quiconque vous défendra sera protégé ; quiconque vous combattra sera brisé.

— Je ne l'entends pas ainsi, réplique vivement M. Arnaud. Je veux que chacun soit laissé libre de voter suivant ses convictions. J'ai des amis dans tous les camps. Eh bien! je n'en voudrai pas à ceux qui, pour obéir à leurs opinions, me feront échec. Ma candidature ne sortira pas des régions sereines des principes.

— Bravo, s'écrie le préfet, le journal de la préfecture reproduira ces belles paroles. »

Et en parlant ainsi, le préfet essaie en vain de dissimuler un sourire.

Les belles paroles de M. Arnaud sont répétées à la ronde et chacun les admire. Trois mois doivent s'écouler jusqu'à l'élection. M. Arnaud fait atteler sa meilleure voiture ; le préfet et lui commencent leur tournée.

Le premier jour on aborde une commune amie. La réception est triomphale. Un quart d'heure avant d'arriver au bourg on entend les cloches qui sonnent, le tambour qui bat aux champs et les boîtes d'artifice qui tonnent sans interruption. Discours, vivats, réunion enthousiaste à la mairie, rien ne manque ; et M. Arnaud répète avec force les belles paroles que le journal de la préfecture a déjà reproduites.

« Votez suivant vos convictions, mes amis, ne vous croyez pas obligés de me donner votre voix ; liberté pour tous. Je vous resterai dévoué à tous, quoi qu'il arrive. »

Le lendemain seconde étape, mais, chose étrange, on voit déjà le bourg qu'on va visiter et un morne silence règne encore dans toute la contrée. On met pied à terre, une vieille femme regarde d'un air ébahi.

« Où est M. le maire ? — Aux champs. — Et les conseillers municipaux ? — Ils fauchent. » Le préfet fait la grimace. On lance à la recherche des autorités cinq gars du pays et l'on réunit à grand'peine quelques malheureux conseillers municipaux qui arrivent tout essoufflés.

« Vous n'étiez donc pas prévenus de notre visite?

— Pardon, monsieur le préfet, mais le travail presse. »

M. Arnaud s'étonne, et au moment où le préfet dit : « Voici notre candidat qui va vous expliquer sa façon de penser, » il hésite à reproduire ses belles paroles de la veille.

Une pensée vague mais persistante lui traverse l'esprit : « Si ces gaillards-là allaient me prendre au mot. » Il dit cependant : « Vous êtes libres de voter suivant vos convictions. » Mais il ajouta, d'un air un peu troublé : « Je crois néanmoins que vous n'oublierez pas que depuis vingt ans j'habite parmi vous et que... » M. Arnaud allait parler de ses mérites, mais il n'en a pas le courage et il reprend d'un ton plus ferme : « Je n'en voudrai pas à ceux qui me combattront. »

Les jours suivants on oublie cette déconvenue. Partout des sonneries de cloches, des discours, même des banquets. Mais cet enthousiasme ne fait que rendre plus pénible l'aventure qui advient à Grasseville, le plus gros bourg du pays.

Grasseville possède une grande usine. On a soigneusement scruté les sentiments des ouvriers et on a choisi un petit nombre d'électeurs dociles pour composer une réunion privée. M. Arnaud doit y obtenir un immense succès et le bruit d'un triomphe remporté à Grasseville, la citadelle de l'opposition, produira partout un effet excellent.

Quand M. Arnaud pénètre dans cette assemblée d'élite, il est reçu chaleureusement. Trois fois l'assemblée s'exclame comme un seul solliciteur, avec un ensemble* qui charme le candidat, mais qui, pour un observateur, eût semblé pécher par une précision trop étudiée.

M. Arnaud commence. Tant qu'il touche aux principes élevés, qu'il s'entretient avec ses auditeurs de choses que ceux-ci ne comprennent pas, tout va à merveille; chaque fois que M. Arnaud s'interrompt, même pour cracher, les bonnes gens d'auditeurs crient tous en même temps et d'un seul élan : « Vive monsieur Arnaud ! » Puis ils retombent dans une douce somnolence.

Mais voilà que M. Arnaud, encouragé par ce succès, s'avise de traiter des questions plus vivantes, il parle du salaire des ouvriers, déclarant qu'il le veut plus élevé, que le patron doit faire participer le travailleur aux bénéfices de l'usine. Enfin il va si loin que divers industriels qui se trouvent dispersés dans la salle, se regardent avec inquiétude. La tirade s'allonge, mais M. Arnaud finit par s'arrêter. Un silence désapprobateur s'établit; pas un cri, pas un vivat. M. Arnaud regarde son public; les visages sont sombres, mais cette fois on écoute.

« Qu'ai-je donc dit qui leur ait déplu ? » pense M. Arnaud. Et il recommence, multipliant les promesses; le silence continue plus morne que jamais. M. Arnaud n'y comprend rien ; il renouvelle ses déclarations. Un murmure de mécontentement y répond. Enfin, s'adressant à l'auditoire et l'interpellant : « Dites, messieurs, ce que vous voulez de plus. » Un grand gaillard se lève et répond : « M. Arnaud, c'est pas tout ça, quand on parle des patrons, n'y a qu'un mot à dire d'eux : « *canailles!* » La salle éclate en applaudissements et il

faut lever la séance, sans quoi l'enthousiasme se ma-
nifesterait jusqu'au lendemain.

M. Arnaud sort exaspéré. « Voilà ce que vous avez
obtenu, lui disent avec reproche ses amis. Vous voulez
faire de la popularité, regardez le beau résultat. Savez-
vous quel est l'homme qui vous a répondu tout à
l'heure ? C'est le jardinier de votre cousin germain.

— Eh bien ! s'écrie M. Arnaud, mon cousin a de
drôles de gens à son service.

— Il ne l'aura pas longtemps, demain le jardinier
sera congédié. »

M. Arnaud ne dit rien, il rentre chez lui tout pensif.
En montant l'escalier il songe à l'incident de la
soirée.

« Tant mieux, se dit-il, ce drôle sera renvoyé. Un
coquin qui dit de pareilles horreurs ! Sans doute, mais
enfin voilà un homme qui perdra sa place à cause de
ma candidature. Il s'imaginera toujours que je suis
cause de sa ruine. Allons, je vais écrire à mon cousin
que je le supplie de garder son jardinier. »

M. Arnaud écrit la lettre et se couche en la laissant
sur la table.

Le préfet entre chez lui le lendemain : « Mauvaises
nouvelles, la réunion d'hier a fait le plus déplorable
effet. J'ai rencontré votre interrupteur ce matin, on
l'entoure, on le fête. »

M. Arnaud regarde la lettre et sort de chez lui sans
la prendre. « Je la mettrai à la poste plus tard »,
pense-t-il.

Mais la journée s'écoule au milieu de graves soucis.
Il faut se prodiguer pour essayer de ramener Grasse-

ville, où les esprits semblent surexcités. Si bien que le lendemain M. Arnaud reçoit une lettre de son cousin qui lui annonce qu'après le scandale de la réunion le jardinier a été chassé.

M. Arnaud éprouve un léger remords. Mais de bien autres préoccupations l'assiégent.

De tous les côtés on lui apporte des renseignements alarmants. Des défections sont signalées, et des défections impossibles à prévoir. Ses proches, ses amis se montrent indifférents ou hostiles. Mais ce qui blesse le plus le candidat, c'est d'apprendre qu'un sien neveu qui depuis longtemps manifeste des sentiments peu sympathiques au gouvernement, garde une neutralité absolue et refuse de recommander M. Arnaud aux électeurs.

« Quoi! mon neveu, répète M. Arnaud, un garçon que j'ai comblé de bienfaits. »

Et il se décide à provoquer une explication.

Le neveu répond tout simplement : « Mon oncle, je trouve que le gouvernement que vous soutenez est mauvais; je vous aime trop pour vous combattre. Laissez-moi m'abstenir. »

M. Arnaud ne réplique pas; mais il ressent une violente indignation. « La passion politique, se dit-il, fait donc oublier la reconnaissance, l'affection, la famille. J'avais trop bien jugé ce garçon. Je songeais à lui faire un sort. Mais je ne veux point protéger un homme qui professe de si honteux sentiments. » Et M. Arnaud se promet de considérer désormais son neveu comme un étranger.

L'occasion du reste ne se fait pas longtemps attendre de traiter ce parent ingrat suivant ses mérites. On vient dire à **M.** Arnaud qu'il se fonde aux environs une entreprise sérieuse, une exploitation de charbonnages qui doit donner des bénéfices. Et comme on connaît la capacité du neveu de **M.** Arnaud, on est disposé à confier au jeune homme la direction de l'affaire; mais il faut que le directeur ait quelques capitaux dans l'entreprise. **M.** Arnaud voudrait-il faire l'avance? Aucuns risques à courir, et un parent à obliger. **M.** Arnaud refuse sèchement. « Il ne veut pas être pris pour dupe. »

La période électorale approche et le combat devient chaque jour plus ardent. **M.** Arnaud, qui n'avait pas d'abord un désir très-vif de réussir, se sent pris de terreurs folles à la pensée d'un insuccès possible. Il souhaite d'être nommé, moins pour arriver à la Chambre que pour empêcher son rival de se targuer de la victoire. Aussi quelle énergie! quel entrain! On ne reconnaît plus **M.** Arnaud. On le voit le même jour aux quatre coins de son arrondissement, semant des promesses pour échauffer le zèle.

Jusque-là les promesses ont seules été employées et les bienfaits seuls prodigués; on ne s'est servi ni de menaces ni de violences. **M.** Arnaud s'y est refusé.

Le préfet n'ose pas lui forcer la main sur ce point, mais il faut agir pourtant.

« Je suis à peu près sûr de votre élection, dit enfin le fonctionnaire au candidat, mais votre majorité sera très-faible, deux cents voix tout au plus. Je pourrais vous dire le chiffre exact des électeurs dévoués, commune par commune. — Eh bien! ces deux cents voix le juge de paix de Combes les a dans sa main. Et il ne nous les donnera pas. Si cet homme n'était pas là, ma confiance dans le succès serait absolue.

— Le juge de paix de Combes, répond M. Arnaud. Mais c'est un bon magistrat, intelligent, intègre.

— Je le sais bien ; seulement il peut nous enlever la victoire. Du reste, est-on intègre quand on a des sympathies subversives ?

— Ah! dans le temps où nous vivons, il est vrai que les idées dangereuses sont criminelles; mais que pouvons-nous faire ?

— Par bonheur les juges de paix ne sont pas inamovibles.

— Une destitution !

— Non, un simple déplacement avec avancement. Tenez, j'ai pris les devants. Voici la dépêche du ministre. On envoie ce juge de paix à cent lieues d'ici sur le bord de la mer, à proximité d'une ville d'eaux très-fréquentée. Sa femme sera ravie. Ils sont riches, ils s'ennuyaient dans notre pays. Du reste, après les élections, s'il veut revenir ici, on le lui permettra. Mais il ne le voudra pas; c'est un avancement.

— Vous me l'assurez !

— Un avancement inespéré. »

Le juge de paix est parti furieux. « Enfin le succès est certain, nous avons nos deux cents voix, fait M. Arnaud.

— Oui, si le percepteur de Mailly-sur-Eau n'avait pas tourné casaque. Il donne des conseils mous, trèsmous, aux contribuables. Ce serait le moment de lui donner de l'avancement.

— Mais il n'en réclame pas.; il a toutes ses propriétés dans le pays.

— Mauvais, très-mauvais fonctionnaire. Il use de ménagements détestables avec nos ennemis. J'ai pris les devants. On l'envoie à cent lieues d'ici, au pied des montagnes, pays superbe, loin de toute ville, aucune occasion de dépenses. Aussi, bien que cette nouvelle perception vaille un peu moins que celle qu'il a ici, cela peut passer pour de l'avancement. Ah ! par la même occasion, j'ai demandé qu'on remerciât un receveur des postes qui parlait d'une façon suspecte devant ses facteurs.

— Remercier ? qu'entendez-vous par là ?

— Mon Dieu ! qu'on lui dise poliment que l'administration a assez de ses services.

— Une destitution !

— Plaignez-le, un garçon qui a quatre mille francs de rente, un célibataire. Il restait là parce que son père le forçait à travailler et il sera trop heureux d'être débarrassé de son emploi. Du reste il faut avoir les postes , c'est capital dans une élection. Si on ne les a pas, dévouées, fidèles, il vaut mieux se désister et vous ne voulez pas vous désister, je pense.

— Me désister ! ce serait la honte.

— Alors, faisons ce qu'il faut. Voici quatorze maires que je vais suspendre demain.

— Quatorze maires !

— Plaignez-les. Des traîtres qui combattent le gouvernement dont ils sont les subordonnés; voulez-

vous donc que les bulletins à votre nom soient supprimés ou transformés ?

— Après tout, les maires ont là une fonction gratuite et pénible. C'est leur rendre service que de les
en débarrasser. »

M. Arnaud continue sa tournée ; dix jours encore et
l'heure solennelle va sonner. L'anxiété est à son
comble.

M. Arnaud se rend chez ses amis. Il les presse et
les supplie. « Vous ne me ferez pas le chagrin de vous
joindre à mes ennemis ?

— Mais je ne me mêle pas de politique.

— Une abstention alors ! les abstentions perdent le
pays. Vous voterez ; ou bien je croirai que vous n'êtes
plus mon ami. Souvenez-vous donc : nous avons été
au collége ensemble. Songez à votre fils. Voulez-vous
l'enregistrement, les hypothèques ou une perception ?
Vous n'avez donc pas d'ambition pour lui ?

— Mais si.

— Alors comptez sur moi ; sa nomination est assu-
rée, seulement il faudrait lui trouver une place.

— C'est facile ; vous avez à Bonneval un garçon qui
vous fait bien du tort. Si on donnait sa place à mon
fils, ce ne serait que justice. Et nous vous aurions une
reconnaissance !...

— A Bonneval ? monsieur le préfet savez-vous de
qui l'on veut parler ?

— Oui, très-bien. Aristide Balard, j'ai eu pitié de
lui, je l'ai maintenu. Il est sans ressources.

— Et vous l'épargnez, monsieur le préfet ; il est déplorable de voir le gouvernement servi par des fonc-

tionnaires qui le trahissent, quand il y a tant de braves jeunes gens disposés à faire loyalement leur devoir. »

Qui a prononcé ces dernières paroles? C'est M. Arnaud! M. Arnaud qui a demandé qu'Aristide Balard fût jeté sur le pavé, sans pain et sans asile? C'est M. Arnaud, M. Arnaud, l'homme doux, charitable, juste.

Le préfet s'incline. Dans une heure l'administration des finances recevra un télégramme et demain la place de Balard sera vacante. M. Arnaud parle haut en sortant, pour s'étourdir. Il est quelque peu en démêlé avec sa conscience. Il discute avec M. le préfet comme si celui-ci était cette conscience elle-même.

— Certes, j'en suis fâché pour Balard, mais enfin, si nous faisons du mal, nous faisons du bien en même temps, puisque nous donnons cette place à un autre. Et il vaut mieux faire du bien aux bons qu'aux méchants.

M. le préfet joue à merveille le rôle de la conscience de M. Arnaud. Il sait que le premier devoir d'une conscience est de ne pas être exigente. Il acquiesce aux invites de M. Arnaud; il finit par déclarer que la destitution de Balard est une bonne action et qu'on n'a pas perdu sa journée.

M. Arnaud est tout à fait rasséréné. L'ami dont il a placé le fils est puissant, et cinq cents voix de plus sont désormais gagnées. Si l'on fêtait cet heureux événement! Voici une auberge. « Entrons et invitons quelques électeurs à trinquer avec nous. Tiens, on semble embarrassé.

— Parbleu, dit tout bas un conseiller de préfecture,

nous sommes chez un des partisans de notre concurrent. Avant-hier on y buvait en son honneur.

M. Arnaud est indigné. « M. le préfet, prenez bonne note de ce que dit M. le conseiller. Voilà une auberge qui n'est ouverte que par la permission de l'autorité, et où l'on tient des réunions défendues. C'est grave. Je m'étonne qu'on ne vous ait pas renseigné plus tôt. Il faut fermer ce lieu de scandale. La politique est interdite dans les auberges. Allons chez l'autre aubergiste et qu'on réunisse mes amis pour que je leur parle de ma candidature ! »

L'auberge séditieuse est fermée.

Du reste, M. Arnaud oublie bien vite ce mince incident. Il ne s'en souviendra qu'en lisant dans son journal la liste des déclarations de faillite.

M. Arnaud a bien autre chose à faire. Décidément on le trahit.

Un instituteur distribue les bulletins du concurrent. « Monsieur le préfet, comment cet instituteur est-il encore en fonctions?

— Nous allons ouvrir une enquête, M. Arnaud. »

L'enquête apprend que l'instituteur a remis en effet à son beau-frère un des bulletins du concurrent.

M. Arnaud s'emporte. Il faut un exemple.

Le préfet fait des objections.

— Vous êtes mou, très-mou, monsieur le préfet. Quand la France est menacée par les passions les plus révolutionnaires, vous hésitez encore.

— Mais ce malheureux a des enfants.

M. Arnaud tire cent francs de sa poche. « Vous les

lui donnerez, monsieur le préfet, en attendant qu'il ait trouvé un emploi. »

M. Arnaud n'est pas méchant, mais il est juste et il veut être nommé.

Par exemple, pas de pitié pour l'agent voyer qui donne de mauvais conseils aux cantonniers; pour le facteur qui court les villages et qui porte un *poison ambulant* (le mot vient du conseiller de préfecture); pour l'appariteur de police qu'on accuse de connivence avec l'ennemi.

M. Arnaud les signale au préfet. Cette fois c'est un désastre. La destitution jette ces malheureux dans la misère. Les femmes viennent supplier M. Arnaud. « Ne les recevez pas, disent les amis de M. Arnaud, c'est désolant, mais nous n'y pouvons rien.

— Hélas, fait M. Arnaud, ma fortune ne suffirait pas à soulager toutes les infortunes. »

Du reste, M. Arnaud a besoin de son argent. Il paie avec énergie. Le gouvernement fait attendre les secours qu'il a promis pour les églises, les écoles, les mairies, les chemins et M. Arnaud fait des avances. La caisse de la préfecture et la caisse de M. Arnaud sont confondues ensemble et certes, ce n'est pas la caisse de M. Arnaud qui profite de cette confusion.

« Donner à vos ennemis, quand nos agents ont besoin de sommes que nous ne pouvons pas leur envoyer, disent les amis de M. Arnaud, ce serait insensé, ce serait coupable. »

Et M. Arnaud, qui depuis le matin ne cesse d'ouvrir son secrétaire, approuve ses amis.

La femme du facteur, la femme de l'agent voyer, la femme de l'appariteur de police sont congédiées.

Elles s'en vont toutes les trois. M. Arnaud est à sa fenêtre ; il les voit passer : ce sont trois femmes du peuple pauvrement, mais proprement vêtues. L'une d'elles tient un enfant sur les bras ; elle ne dit rien, elle marche la tête baissée. Tout à coup elle se retourne ; M. Arnaud aperçoit son visage ; elle pleure.

« C'est dur, la politique, se dit M. Arnaud ; qui m'aurait dit que j'aurais fait cela ? »

Mais les amis de M. Arnaud l'appellent. Il n'y a plus un moment à perdre. Tous les agents suspects sont destitués. On a visité toutes les communes ; les bienfaits ont été répandus de toutes parts. Un dernier effort reste à faire : intimider les plus ardents.

Cinq perturbateurs viennent d'être arrêtés ; ils ont tenu des propos inconvenants contre M. Arnaud. M. Arnaud veut-il qu'on les traduise en justice ?

« Oui, répond M. Arnaud, cela tiendra les autres en respect. »

La justice a été sévère ; les cinq perturbateurs réfléchiront, en prison, sur les mérites de M. Arnaud. La circonscription électorale est maintenant *entraînée*, comme dit le conseiller de préfecture, un sportman ; le succès n'est plus douteux.

On a bien ramassé la femme du cantonnier et celle du facteur qui mendiaient par les rues ; l'instituteur qui a dépensé ses cent francs a bien été vu désespéré, cherchant de tous côtés à emprunter de quoi dîner ; les enfants des perturbateurs errent bien sans asile à travers les places publiques ; mais qu'importe ? la circonscription est *entraînée*. M. Arnaud sera député. On le fêtera, on l'acclamera. Il fera du bien, car il est bon, M. Arnaud, et il ne se souviendra plus des petites misères qui ont préparé son triomphe. Si bien qu'au renouvellement de la Chambre, sa profession de foi commencera par les mêmes paroles : « Je veux que chacun soit libre de voter suivant ses convictions. »

M. Arnaud ne doute pas qu'il n'ait mis ces belles paroles en pratique. Et il n'a pas tort. Qu'est-ce, en effet, que la vie ou la mort de quelques pauvres diables, quand il s'agit de mettre au jour cette chose radieuse qu'on appelle un législateur !

M. Renaud est content de lui-même et mécontent des autres, peut-être parce que les autres ne sont pas contents de lui. M. Renaud est tout plein de fiel : — c'est qu'il est médecin.

Il y a dix ans tout le fiel était chez les avocats, mais les avocats ont si bien réussi qu'il ne reste presque plus de fiel dans leur âme. Qu'ils aient tourné à droite ou à gauche, adoré la monarchie ou flatté la république, les avocats ont eu toutes les chances. Ils ont eu surtout la chance de cesser d'être avocats, ce qui, dit-on, est, dès qu'ils débutent, leur plus chère espérance. Mais M. Renaud n'est pas avocat ; il est médecin et les médecins restent encore quelquefois médecins. Dans dix ans les médecins seront rassérénés, ils auront tous quitté la médecine ; déjà ils prospèrent et se gonflent. Ils remplissent la Chambre et les assemblées départementales. Il en est qui aspirent aux ambassades. Dans dix ans ils seront tous satisfaits et aucun d'eux n'aura plus de fiel, tout le fiel restera aux apothicaires, jus-

qu'à ce que les apothicaires aient leur jour et représentent la France auprès des puissances étrangères...,
ce qui viendra.

Donc M. Renaud, né dix ans trop tôt, n'est pas ras-
sénéré. Il habite un chef-lieu de canton dans les montagnes et il regarde au loin.

Pourquoi M. Renaud regarde-t-il au loin? Pourquoi
ne se contente-t-il pas de regarder la langue de ses malades ? C'est que pour regarder avec grand intérêt la
langue de ses malades, il faut y être poussé par la nécessité et que M. Renaud n'est pas poussé par la nécessité.

Voyez le confrère de M. Renaud, le docteur Dubot,
quand il regarde la langue d'un malade le monde
n'existe plus pour lui. Les Russes peuvent occuper
Constantinople, les Anglais prendre l'Égypte, le Prince
impérial débarquer à Boulogne, Dubot, qui pourtant
depuis l'école est patriote et républicain, ne s'en sou-
ciera pas ; il contemplera la langue, jusqu'à ce qu'il
lui ait arraché ses secrets : c'est que Dubot est poussé
par la nécessité et que s'il ne rapportait pas douze francs
(un franc par kilomètre), quand il rentre à la maison,
madame Dubot ferait la grimace et ne saurait comment payer le boucher. Mais M. Renaud n'est pas réduit
à ces misères, M. Renaud est riche, il a quinze bonnes
mille livres de rente ; aussi quand M. Renaud regarde
la langue, il regarde au loin en même temps. Et que
le Prince impérial ne s'y fie pas ! le jour où il débar-
querait à Boulogne, M. Renaud aurait beau regarder
l'une après l'autre toutes les langues du canton, un

œil de M. Renaud serait tourné du côté du débarque-
ment et veillerait au salut de la République.

Les paysans du canton se sont aperçus que M. Renaud regardait au loin quand il regardait les langues et
ils ont à son égard un mélange de méfiance et d'admiration : « Quel homme ! » disent-ils quand ils l'enten-
dent parler politique, pendant qu'il rédige une ordonnance : « Quel homme que ce M. Renaud, comme il sait
des choses ! Et il ne se fait pas payer *!* — Mais il faut
aller chercher M. le médecin Dubot pour ma pauvre
femme, car elle est bien malade cette fois. »

M. Renaud possède une nombreuse clientèle. Quand
le danger est médiocre, on l'appelle de préférence parce
qu'il ne parle pas d'honoraires. Il ne perd donc pour
ainsi dire aucun malade. Eh bien ! jugez de l'ingra-
titude de ces paysans ! M. Renaud n'est pour eux que
M. Renaud. Seul Dubot est *monsieur le médecin*, seul
pour eux Dubot est le savant, ce Dubot dont les malades meurent si souvent, ce Dubot qui se fait payer
en menaçant de l'huissier !

M. Renaud à force de regarder au loin a laissé
tomber un jour son regard sur la Chambre des députés,
et ce regard s'y est reposé avec complaisance. Pourquoi pas? s'est-il dit. Et il a continué ses visites aux
pauvres diables indisposés; seulement en sortant il a
laissé de quoi payer les médicaments! « Le brave
homme ! a dit le paysan, avec son argent nous ferons
venir M. le médecin Dubot. »

M. Renaud a parlé de ses projets ambitieux, mais à
mots couverts. Pourtant le bruit en est parvenu jusqu'à la préfecture. Le préfet en a beaucoup ri : non

pas que Renaud soit un ennemi. Renaud s'est toujours borné à parler de liberté, de progrès et de démocratie, c'est-à-dire à parler comme parlent tous les préfets de tous les gouvernements ; mais le préfet méprise M. Renaud. — « Quinze mille francs de rente ! mon cher. Et quelle maison ! Deux bonnes pour tout faire et un petit valet en blouse ! Des poules dans le jardin. J'ai passé devant : Mme Renaud était à la fenêtre en camisole d'indienne. Et le bonhomme ! quel type. Des sabots et une casquette de loutre. »

On a répété ces propos à M. Renaud, tout le fiel de M. Renaud a débordé. M. Renaud est presque satisfait de trouver une occasion de dépenser ce fiel qui s'accumulait. Pourquoi M. Renaud avec ses quinze mille francs de rente et ses poules dans son jardin accumule-t-il ainsi des trésors de fiel ? C'est toujours parce qu'il regarde trop loin et qu'en abaissant son regard sur les puissants de ce monde, il se dit : « Pourquoi, moi, Renaud, suis-je ici occupé à regarder gratuitement des langues, tandis que ma fortune, mon intelligence, mon savoir m'appellent à de hautes destinées ? » Et quand il rentre de ses promenades médicales où dans la solitude il a distillé tant de fiel, il ne sait sur qui le répandre et, tout en bourrant le petit valet en blouse et les deux servantes, il en garde plus qu'il n'en rejette.

Mais les propos du préfet donnent un exutoire à ce fiel renfermé ; M. Renaud est touché au vif : « Je serai candidat, dit-il, le candidat de l'opposition. »

M. Renaud est parti pour le chef-lieu du département. On y discute les candidatures ; elles sont nombreuses : vingt-cinq concurrents. Les comités fonctionnent en permanence. M. Renaud recrute aussi un comité ; il y met son avocat, deux fournisseurs, son notaire et deux collègues qui trouvent que la médecine gratuite est d'un mauvais exemple.

M. Renaud a de la chance d'avoir un avocat dans son comité. Il y a cinq avocats dans le département, les quatre autres sont candidats.

Le comité de M. Renaud prend nom : « Comité indépendant d'opposition radicale », et commence ses opérations. Les vingt-cinq autres concurrents ont vingt-cinq comités qui opèrent en même temps.

Les comités et les concurrents s'insultent. Lettres dans les journaux, injures, procès.

La période électorale approche. Les comités de Paris vont faire leur choix :

Département du Rhône supérieur. « Quels sont les candidats de l'opposition ? — Le député sortant ? — Il a mal voté pendant la crise. — Le bâtonnier de l'ordre des avocats ? — Il nous est nécessaire là-bas. — L'avocat Rustaud ? — Insubordonné ; il parle bien, il nous ferait des sottises à la Chambre. — L'avocat Babon ? — Incapable, trop vieux. — Taupin ? — Trop jeune. — Lombard ? Trop riche. — Nadaud ? — Trop pauvre. — Renaud ? qui ça, Renaud ? Le connaissez-vous ? — Non, et vous ? — Non. — Ah ! je sais ! un médecin ; bonne situation de fortune, aimé. — Et les principes ? — Solides ; il ne s'en est pas encore servi. — Parle-t-il ? — Hou ! hou ! ce sera un orateur dans les commissions. »

Pourquoi pas Renaud ? Prenons Renaud.

Les vingt-cinq comités s'inclinent. Quelques candidats protestent ; puis, après un peu de tapage, ils disparaissent les uns après les autres.

Renaud reste seul en face du candidat qu'a choisi M. le préfet.

Les paysans ont eu peur. On leur a dit que leur médecin voulait être nommé député. Ils ont cru qu'il s'agissait de Dubot. « Non, ont-ils dit, il faut qu'il reste celui-là. » Mais quand ils ont su qu'il s'agissait de M. Renaud, ils ont tous promis de lui donner leur voix.

, M. Renaud se met en campagne. Le mot d'ordre est donné. Tout ce qu'il débite est bon, tout ce qu'il fait est beau. Un doux attendrissement l'escorte.

Tandis que son rival éblouit les populations par l'éclat de sa calèche, dans laquelle le préfet se tient droit et digne, comme un valet de pied galonné d'argent qui se serait trompé de siége, lui, modeste et simple, arrive sur son bidet de montagne.

Il entre chez l'aubergiste : « Ne vous dérangez pas, ce n'est que moi, votre ami. Allons, un pot de vin et causons. Je viens ici par hasard. » Par hasard aussi, tous les correspondants du comité sont là, tous les ardents, tous les purs. Le pharmacien apparaît ; voici le maréchal ferrant, trois cafetiers, six aubergistes (l'un a fait deux fois faillite, mais on n'en dira rien), deux propriétaires qui ont eu maille à partir avec l'administrateur des forêts, et deux braconniers d'habitude. Enfin quarante ou cinquante paysans demi-naïfs, demi-hargneux. M. Renaud cause avec tous. « Eh bien ! Thomas, je suis content de te voir ici. Tu as raison de venir avec nous. Si je ne suis pas nommé, tu es bien sûr que ton fils partira pour la guerre. Quant à toi, gare la corvée, mon garçon. Et ton café, Pierre, il sera fermé. Le curé ne veut pas qu'on boive hors du presbytère. C'est grave, mes enfants, ça va mal à Paris. Le gouvernement a décidé qu'on doublerait tous les fermages, et qu'on ne laisserait plus entrer dans la salle de vote que les messieurs à redingote.

— Bien vrai çà, M. Renaud?

— C'est M. le maréchal-des-logis qui le disait hier soir.

— Oh! le gueux.

— Taisez-vous, mes enfants, M. le maréchal-des-logis est puissant. Si mon adversaire est nommé, M. le maréchal-des-logis sera maire, et il ne fera pas bon pour ceux qui ne sont pas nobles.

— Est-ce qu'il est noble, M. le maréchal-des-logis?

— Parbleu, et le candidat du gouvernement aussi.

— Mais son grand-père était cordonnier.

— Imbécile, ça n'empêche pas; ces nobles, ça fait semblant d'être avec nous pour nous endoctriner; mais on les connaît bien. Après tout, peut-être vous aimez les nobles, vous ; alors il faut voter contre moi.

— Non, non, à bas les nobles! Vive M. Renaud! »

M. Renaud court la campagne, et la même scène se reproduit partout. Il suit pas à pas le candidat officiel qui se ruine en frais d'équipages, en pourboires aux domestiques des châteaux et en dîners offerts aux gros bourgeois. M. Renaud n'a pas d'équipage, il n'entre pas dans les châteaux et il évite les bourgeois, mais le vin coule à flots dans les cabarets. M. Renaud dépensera cinq cents francs d'affiches, dix mille francs

de vin et vingt mille francs pour ses agents ; des agents
qui s'en iront répéter dans les hameaux ce que M. Renaud dit dans les villages.

Rien de plus. Par-ci, par-là, quelques promesses de
place ou de secours pour le jour où les amis triom-
pheront, quelques menaces ; mais le tout à petite
dose ; sur ce terrain, le candidat du gouvernement a
une incontestable supériorité.

Tout le programme de l'élection de M. Renaud tient
en deux mots qu'a prononcés un jeune journaliste de
Paris, expédié par les chefs du parti pour renforcer la
rédaction du journal de la localité.

« Je suis bien inexpérimenté, a dit M. Renaud au
journaliste. Donnez-moi des conseils. Quels doivent
être mes moyens d'action ?

— *Le vin et le mensonge*, a répondu le journaliste. »

M. Renaud a eu un sursaut, mais il a profité de l'avis.

Sera-t-il nommé ? Peut-être bien. Mais que diront
les moralistes ? Le vice ne sera-t-il donc pas puni ?

Il le sera, car le jour où M. Renaud et ses amis auront triomphé, M. Renaud deviendra à son tour le
candidat officiel d'un gouvernement. Une opposition
quelconque lui suscitera un concurrent. Et M. Renaud
s'indignera, car en face de lui il trouvera les deux
mêmes obstacles : le vin et le mensonge.

COMMENT ON NE FAIT PAS CHOIX D'UN PARTI

IL A UNE FILLE A MARIER.

« Une fille à marier ! Quinze ans! Elle est encore bien jeune, dit la mère. Il faut pourtant y songer.

— Ce sera difficile, fait brusquement une tante, vieille fille ; Anna n'est pas belle.

— Pas belle! Une taille de déesse.

— Oui, mais un nez !

— Fin.

— Long.

— Enfin, elle aura une dot, reprend la mère.

— Petite, observe le père. On gagne peu au barreau de Villeneuve-sur-Dordogne.

— Aussi pourquoi y restes-tu ?

— Eh ! ma bonne, crois-tu que je n'aimerais pas mieux briller sur un plus grand théâtre, à Paris? Mais les places sont prises.

— Prises ! il n'y paraît guère. Vois Beaudoin, l'avocat de Castret, le voilà devenu un personnage. Il y a quatre ans, il venait ici mendier des affaires.

— Mais Beaudoin a quitté le palais pour la politique.

— Eh bien ! La politique est-elle interdite à quelqu'un ?

— A moi, peut-être. Beaudoin fait de la politique depuis l'âge de dix-huit ans. Il est affilié à tous les clubs, à toutes les sociétés secrètes. On l'a choisi dès qu'il l'a voulu. Mais, moi, qui m'aiderait ?

— Beaudoin a fait trop de politique. Vois, on lui reproche ses actes et ses déclarations d'autrefois. C'est même ce qui rend sa situation très-critique en ce moment. Toi, tu ne cours pas le même péril ; et tu as une fille à marier !

— Tu me rappelles incessamment cette pensée pénible. Que puis-je faire ?

— Les élections approchent. Mets-toi en campagne.

— Sous quel drapeau ?

— Sous aucun. Songe seulement que tu as une fille à marier, et tu seras persuasif.

Il avait vécu tranquille jusque-là, ne demandant rien à personne. Et s'il n'eût été père que d'un garçon, il n'aurait pas consenti à bouger. Mais une fille ! S'il continuait à végéter, les prétendants ne se présenteraient pas ! Et quelle vie douloureuse il prévoyait entre sa fille attristée et sa femme furibonde !

Il se mit donc en campagne.

Aux monarchistes il disait la splendeur de l'ancien régime, « le vieux temps qui avait de la grandeur, »

répétait-il d'un air profond; aux bonapartistes, cette
« prospérité si féconde » ; aux libéraux, les « grandes
traditions de 1789 » ; aux exaltés, les « modifications
nécessaires que doit traverser un pays. » Tout cela
paraissait contradictoire. Un jour un ami intelligent
auquel on demandait de préciser l'opinion du candidat, s'écria : « Il est centre gauche ! » Ce mot répondait à tout, expliquait tout, rassurait les républicains,
donnait des espérances aux monarchistes et présentait
de plus le grand avantage d'exprimer la vérité. Il signifiait admirablement que le candidat *avait une fille
à marier.*

Les opinions du candidat étaient douces; elles semblaient mitoyennes à celles de chacun. C'était bien
un homme des centres. Aussi le voilà bientôt à la
Chambre. Là il prit situation. Le public l'ignora,
mais ses collègues le considérèrent. Il fit partie d'un
groupe qui n'était ni la droite ni la gauche, ni le
centre droit, ni le centre gauche, ni le groupe qui
confine au centre droit, ni le groupe qui confine au
centre gauche, mais un groupe qui, placé exactement et mathématiquement entre ces deux derniers
groupes, se trouvait ainsi au centre des divers centres.
Cette position était très-convenable pour un homme
qui avait une fille à marier.

C'est qu'elle grandit la fillette et que le cas va
devenir pressant. Elle a dix-sept ans et la mère s'impatiente de ce que les amoureux ne se font pas encore
encombrants. Il y en a cependant, mais de simples
notabilités de terroir, de bons petits jeunes gens qui
seraient flattés d'être gendres d'un député et d'avoir

accès sur l'estrade le jour du comice agricole. D'autres
encore qui briguent des postes inférieurs. « Ma fille
femme d'un juge de paix ou d'un employé de l'enregistrement; fi! fait la mère, ne nous pressons pas. »
Et elle gourmande son mari. « Cela vaut bien la
peine d'être député. Es-tu seulement chef de groupe,
orateur connu, en passe de devenir ministre.

— Non, bien heureusement, car si j'avais suivi tes
conseils et si j'avais prononcé ce grand discours qui
devait me mettre en évidence comme réactionnaire
violent, quelle serait ma situation aujourd'hui? Aucune
chance de réélection et plus de partis pour Anna qui
se contenterait d'un employé des contributions indi-
recte. Tandis qu'aujourd'hui rien n'est encore perdu! »

Il a raison, rien n'est encore perdu. Voilà qu'un
ministère de transition se prépare. On recherche
avec soin les noms des députés qui ne se sont pas
engagés et l'on s'efforce de composer un cabinet qui
ne plaise pas trop à la droite qui menace, et pas trop
non plus à la gauche qui empiéte, et pas trop également au centre droit qui est fin, et pas trop en même
temps au centre gauche qui est obtus.

Chose étrange, ce ministère réunit une majorité.
La droite vote pour lui, parce qu'il ne plaît pas à la
gauche; la gauche, parce qu'il ne plaît pas à la droite
et de même le centre droit, le centre gauche et les
divers centres.

Le député qui a une fille à marier entre dans ce
ministère comme sous-secrétaire d'Etat; sous-secrétaire d'Etat! où? peu importe, il est également propre
à tout, ne sachant rien.

La femme du député n'est pas encore de bonne humeur, mais elle se calme quelque peu. « Tâche d'y rester surtout, » observe-t-elle. Et en effet la fille a dix-huit ans. C'est le tour des aspirants sous-préfets, de la jeune magistrature; on est sur le point de conclure avec un substitut d'avenir. Le père intervient et mystérieusement : « Ne nous pressons pas », dit-il.

La plupart des ministres perdent la tête au contact des grandeurs. Ils veulent avoir des idées, attacher leur nom à des réformes. Les voilà vite compromis. C'est que malheureusement pour eux la pensée du mariage de leur fille ne les retient pas dans les limites d'une prudence exacte. Ils n'ont souvent que des garçons ou des filles déjà pourvues.

Au contraire notre homme dont la fille est à marier ne perd pas un instant de vue sa préoccupation princi-pale. Dès qu'il est tenté de faire une innovation, il aperçoit devant lui les bras amaigris, les formes grêles, le visage renfrogné d'une vieille fille, fantôme qui hante son cabinet de travail et retient ses mains promptes aux arrêtés hardis. Chaque fois qu'il franchit les degrés de la tribune pour faire une déclaration, le même fantôme lui pose la main sur les lèvres et il redescend après avoir proclamé simplement qu'il aime son pays et qu'il veut le bien du peuple.

Aussi comme la situation est restée tendue, comme on ne peut pas encore sortir de l'expectative, les mi-nistres trop bavards sont renversés, et voici l'homme qui a une fille à marier pourvu d'un portefeuille. Un petit portefeuille, un de ceux qui obligent à traiter des affaires sérieuses, moins que rien en un mot.

Cette fois arrivent les jeunes préfets, les directeurs généraux, les secrétaires d'âge de la Chambre et même le fils d'un gros industriel dont les fers forgés font sensation ; ce sont des prétendants à considérer et la mère veut se jeter sur le jeune « fer forgé. »

Mais le père a senti qu'il y avait mieux encore à espérer. Il a eu deux ou trois de ces succès oratoires qui comptent dans la vie d'un politicien. Il a tenu la tribune trois heures durant, en répondant à une interpellation sur la politique générale, sans avoir laissé deviner aux plus perspicaces quelle était son opinion, ou simplement sa préférence. Les plus vieux routiers sont sortis émerveillés et la présidence du conseil sera la récompense de ce merveilleux tour de force.

Enfin la jeune fille recueillera le fruit des efforts de son père. Un raffineur de sucre jeune encore (cinquante-deux ans) a demandé à se faire présenter. On l'a accueilli avec enthousiasme, car, d'après certaines rumeurs, il veut renoncer au célibat. Un jour de soirée intime, le raffineur apparaît. Le ministre et sa femme s'élancent, la fille baisse les yeux. Elle est troublée, une si grosse partie se joue pour elle : être ou n'être pas. Si le raffineur hésite, il faudra qu'elle se contente d'un sous-secrétaire d'État, c'est-à-dire qu'elle circule en simple fiacre, jusqu'au jour de la démission où le fiacre sera remplacé par le tramway. Tandis que le raffineur ! Il court sur lui des légendes de richesse et d'élégance. Il a acheté le château des Montmorency, dévalisé la collection du prince Nérikoff, épuisé les mines de dia-

mants du Brésil. Si le raffineur daignait! Il daigne, car
c'est un émule de notre vieille connaissance, M. Vacheron ; il se sent humilié de n'être que riche.

Allons, point de lenteurs! Par ce temps de rapides
changements, il faut se hâter. Un mois après, le raffineur dit au ministre : « Mon cher beau-père, voulez-
vous me faire l'honneur de visiter ma chaumière? »
Nous sommes au lendemain du mariage, la chaumière
c'est le château des Montmorency. Le ministre a deux
heures à lui avant d'aller au Parlement, où il doit faire
une importante déclaration. Il sort émerveillé, ébloui,
de la demeure où désormais régnera sa fille. Jamais il
n'a rêvé de telles splendeurs. Et quand il pense au
chemin qu'a parcouru la « chère fillette » depuis la
maison aux volets verts de Villeneuve-sur-Dordogne,
son esprit s'égare. C'est sous cette impression dange-
reuse qu'il arrive à la Chambre. Le moment est venu
de parler. Mais le ministre n'est pas maître de lui
comme à l'ordinaire. A la stupéfaction de tous, ses
premières paroles sont claires et nettes. Il va enfin
s'expliquer. De temps en temps une voix intérieure lui
crie bien : « Prends garde! » Mais il répond fièrement à
cette voix : « Que m'importe maintenant, je n'ai plus
de fille à marier. »

Et il va, il va, donnant son opinion sur toutes
choses, appréciant le passé, prophétisant l'avenir, expo-
sant, comme un bon bourgeois bavard, ses espérances
et ses visées. En vain de toutes parts les interruptions
se croisent-elles ; en vain essaie-t-on de poser des
obstacles à cette course furibonde, il prend sa revanche

de tant d'années de silence, de ce silence, le plus pénible de tous, qui ne vous dispense pas de parler.

Enfin il quitte la tribune et les reporters annoncent au monde que le premier ministre s'est révélé grand orateur.

. . . .

. . . .

Le ministre reprit sa place à son banc, mais un grand vide se fit autour de lui. Le parti qu'il avait attaqué se montrait fort irrité, moins irrité pourtant que le parti auquel il s'était ouvertement rallié. En effet, les chefs de ce dernier parti semblaient transportés de fureur. « Eh bien ! disaient-ils, il se prend donc au sérieux ce ministre ! C'est donc lui qui parle en notre nom maintenant ! » Et aussitôt un complaisant déposa une interpellation qui blâmait violemment la conduite du gouvernement.

Le ministre toujours exalté demanda la discussion immédiate, et un quart d'heure après il était obligé de donner sa démission. Il haussa les épaules : « Cela m'est bien égal, murmura-t-il, ma fille est mariée. »

Il oubliait son gendre. Il paraît que le raffineur indigné a trouvé un prétexte et plaide en séparation.

SECONDE PARTIE

LES POLITICIENS D'IMPORTANCE

LE TRIOMPHANT.

Le triomphant passe superbe et affable au milieu d'un cortége d'amis et de clients. Tout autour de lui un murmure s'élève : « C'est le triomphant ! » disent à demi-voix les curieux ; « c'est le triomphant ! » répètent les politiciens. Les curieux s'élancent pour contempler son visage ; les politiciens courent pour avoir la chance d'être aperçus de lui. Le cortége augmente ; tout à l'heure il sera multitude. Le triomphant est accoutumé à l'émotion que produit sa présence. Il ne semble pas s'en préoccuper. Il va, appuyé sur le bras de quelque intime, qui s'enorgueillit d'une telle faveur. Il cause bruyamment. Parfois, il s'interrompt pour jeter à quelque admirateur l'aumône d'un salut aimable :

« Bonjour, mon cher; » puis il reprend : « Il faudra voter
la loi sans hésitation et sans discussion. » L'intime
répond par de brèves formules : « C'est juste ; vous
avez raison ; je le pense aussi. » Derrière eux viennent
quatre ou cinq personnages qui écoutent sans inter-
venir. De temps en temps, le triomphant se retourne :
« N'oubliez pas, dit-il à l'un d'eux, de faire le travail
que je vous ai demandé ; » le personnage s'incline et
le triomphant reprend sa conversation. Le cortége suit
respectueusement. C'est que le triomphant est un
maître dont il faut gagner les bonnes grâces à tout
prix. Il peut tout. C'est lui qui vous prendra un jour
par la main, qui vous remarquera dans la foule,
et qui dira aux électeurs de la ville ou de la
campagne : « Choisissez cet inconnu. » L'électeur
répondra : « Puisque le triomphant l'a dit, il faut
choisir cet inconnu. » Et demain vous serez illustre,
et demain vous pourrez aspirer à toutes les destinées,
même à la destinée de renverser le triomphant. Mais
le triomphant peut aussi vous replonger dans l'ombre
d'où il vous a tiré. Que vous commettiez le crime de
vous révolter, que vous disiez un mot lorsqu'il a ordonné le silence, il vous désignera aussitôt comme un
mauvais citoyen. Et vos amis s'éloigneront de vous,
car ils craindront la haine du triomphant, et le peuple
dira : « celui-là a été flétri par le triomphant. » La ré-
probation de tous vous atteindra ; puis un grand silence
se fera sur vous. Vous aurez vécu.

Qu'est-donc le triomphant ? et d'où lui vient cette
puissance inconnue ? Est-il le fils d'une race souveraine ? Non. Il est né dans une condition médiocre.

A-t-il rendu à son pays quelque service signalé? Non.
Lorsqu'il a géré la chose publique, il a conduit son pays
à la défaite et à la ruine. A-t-il quelque poste éminent
qui mette entre ses mains la puissance matérielle?
Non. Il ne saurait donner des ordres au plus humble
des agents de la force publique. Est-ce par son génie
qu'il excite l'admiration? Non. Il n'a jamais produit
une grande œuvre ni émis une grande idée.

Pourquoi donc est-il le maître, maître tout-puissant,
maître terrible?.

Peut-être le peuple l'a-t-il élu? Peut-être, par un
des caprices de la multitude a-t-il été sacré souverain
de hasard? Non. Le peuple n'a pas eu à se prononcer
sur ce pouvoir spontané. L'autorité du triomphant est
née d'elle-même; elle se soutient parce qu'elle est. Nul
ne la défend et tous s'y soumettent.

Un jour le triomphant s'est levé dans la foule. Il était
alors l'humble parmi les humbles. Le triomphant a crié
très-fort : « Je hais; » et la foule l'a regardé. Quand
la foule regarde un homme, elle en fait un cadavre ou
un héros. Le triomphant plut à la foule. Et la foule
avait raison, car le triomphant lui ressemblait. Il haïssait ce qu'elle haïssait elle-même, il aimait ce qu'elle
aimait, juste au degré qu'il fallait, sans excès et sans
pénurie. D'autres aussi avaient crié: « Je hais. » La
foule les avait regardés et ne les avait pas trouvés à son
gré. Ils haïssaient trop ; ils haïssaient jusqu'à la mort.
Le triomphant haïssait jusqu'à la fortune. C'est la
bonne mesure de haine.

Puis les autres haïssaient une foule de choses dont
la foule se soucie peu : ils haïssaient l'illégalité, l'injus-

tice, l'oppression ; le triomphant haïssait surtout les hommes puissants dont la prospérité irrite la foule. C'était la bonne direction de la haine. La foule fit du triomphant un héros.

Désormais, le triomphant était sûr du succès. Il fit avec éclat, il dit avec éloquence ce que la foule fait obscurément et dit dans un médiocre langage. La foule gronde contre le pouvoir qui se pare du luxe qu'elle paie ; le triomphant stigmatisa ce pouvoir et dénonça ce luxe. La foule fait parade de son patriotisme et de sa haine contre l'étranger ; le triomphant insulta l'ennemi victorieux et déclara qu'il fallait vaincre ou mourir. La foule assiste aux émeutes sans prendre parti ni pour le révolté ni pour le gendarme ; le triomphant ne se mit point dans le cas d'être traité de révolté par le gendarme ou de gendarme par le révolté. La foule se paie de mots et supporte le bâton du tyran si le tyran s'appelle protecteur ; le triomphant déguisa sous les noms empruntés au vocabulaire de la liberté toutes les vieilles institutions du despotisme.

Le triomphant était l'homme de la foule ; il en avait les qualités, et, chose plus précieuse encore, il en avait les défauts. Il possédait ces qualités et ces défauts dans toute leur ampleur et dans toute leur expansion.

Ne vous étonnez donc plus de son omnipotence ; il n'a besoin ni d'armée, ni d'autorité, ni de mandat. Il s'appuie sur la force par excellence, l'enthousiasme qu'ont les hommes pour eux-mêmes. La foule se retrouve en lui, mais comme on se retrouve dans un portrait artistiquement composé où tout s'harmonise, et où les détails défectueux disparaissent dans un

ensemble séduisant. Avec quel soin on garde ce portrait,
avec quel orgueil on le montre : « Regardez, c'est moi,
et c'est fort ressemblant. » Tel l'homme de la multitude considère et montre le triomphant ; son portrait,
c'est le triomphant. Mais quel superbe portrait ! Il y voit
bien tous les défauts qu'il a lui-même, mais combien
ces défauts ont d'attrait ! Il est brutal ; le triomphant
est audacieux. Il est indécis ; le triomphant est prudent.
Il est envieux ; le triomphant est hautain. Il est em-
porté ; le triomphant est éloquent. Si bien que rencon-
trant tant de ressemblance entre lui-même et le triomphant, il se confond avec celui-ci, et se repaît des
acclamations qu'on prodigue à son admirable Sosie.

Que nul n'essaie de contre-carrer le triomphant, à
moins que celui-là ne ressemble à la foule plus que
ne fait le triomphant lui-même. Malheureusement
pour le triomphant, celui-là se rencontrera et ce sera
le jour de la chute.

La foule modifie ses sentiments et ses aspirations
avec une rapidité merveilleuse. Elle se renouvelle
sans cesse par l'incessant va-et-vient des naissances et
des morts ; de sorte que le même homme ne saurait
suivre toutes les variations de la foule, parce qu'il
lui faudrait mourir et renaître comme elle.

Les républicains de 1848 ressemblaient à la foule de
leur temps. Ils étaient, comme elle, nourris de géné-
reux mensonges, soucieux d'utopies humanitaires,
plus occupés de principes que d'applications ; et la foule
les voyant semblables à elle-même leur prodiguait ses
applaudissements. Quand vingt ans plus tard ils re-

parurent, la foule s'était modifiée et elle les méprisa parce qu'ils ne lui ressemblaient plus.

Elle était devenue indifférente aux réformes profondes, ennemie des théories et effrayée des grands bouleversements. Le triomphant se substitua à ces sosies passés de mode. Les sosies de 1890 vengeront les sosies de 1848. La foule fatiguée des questions politiques et rassasiée des formules de gouvernement, sera sans doute entraînée de nouveau vers les grandes idées de réformes rapides. Il semble qu'un jeu de bascule s'établisse toujours. Tantôt les penseurs sont en haut et les hommes pratiques en bas; tantôt le contraire se produit. Le triomphant, esprit souple et pénétrant, essaiera de ressémbler à cette foule de l'avenir comme il ressemble à la foule d'aujourd'hui. Mais il aura beau faire, son nouveau visage ne sera qu'un masque. Et la foule a un instinct profond pour distinguer le masque du visage. Quelque autre surgira comme le triomphant lui-même, se substituant à la popularité du triomphant comme celui-ci s'est substitué à la popularité de ses devanciers.

Pauvre triomphant! Le triomphant de demain lui infligera sa bienveillance, comme lui-même inflige aujourd'hui la sienne. On lui trouvera des électeurs en rappelant l'éclat qu'il a jeté. « Nommez, dira-t-on, nommez celui qui rendit de si grands services à notre cause. » Et les électeurs obéissant au triomphant de demain voteront pour le triomphant d'aujourd'hui avec regret et par obéissance. Le vide se fera autour de lui. Plus de curiosité, plus de cortége. Parfois un provincial un peu âgé dira à sa femme. « Voilà celui

qui fut le triomphant. » Et morne, l'ex-triomphant
s'assiéra sur son banc de député, regardant tristement
son successeur, mais obligé de le ménager, comme
ses prédécesseurs le ménagent lui-même aujourd'hui,
pour ne pas se voir retirer le dernier souffle de vie
politique.

Avenir douloureux et inévitable ! Mais qui le prévoit aujourd'hui, quand superbe et affable le triomphant
passe au milieu d'un cortége d'amis et de clients?

GAUDISSART, MINISTRE DES CULTES.

Gaudissart est ministre des cultes. Cela l'étonne, lui qui se croyait pourtant au-dessus de l'étonnement. Gaudissart est célèbre par ses campagnes violentes contre le clergé. C'est lui qui écrivait jadis aux *Droits populaires* que « si un chien pouvait regarder un évêque, on ne devrait pas permettre à un évêque de regarder un chien ». C'était son début. L'article fut lu et relu ; il eut un tel succès qu'on le déféra à la Cour d'assises. Quand Gaudissart subit son interrogatoire, le président lui demanda : « Qu'entendez vous par cette phrase, qu'il ne devrait pas être permis à un évêque de regarder un chien ? » Et en effet la phrase avait besoin d'explication. Gaudissart resta tout interloqué. C'est qu'il avait trouvé l'opposition ingénieuse mais qu'il ne s'était jamais demandé ce qu'elle signifiait. Sur ce, le jury l'acquitta. Cela lui fit une réputation. Il continua sa lutte avec le clergé. Il commençait un article par ses mots. « On nous annonce qu'aucun frère de la doctrine chrétienne n'a été arrêté hier. Nous donnons cette nouvelle sous toutes réserves. »

Plus tard Gaudissart quitta les *Droits populaires* et devint rédacteur d'une feuille plus sérieuse. Il changea de manière sans abandonner son hostilité.

A l'*Epoque* il faisait des articles de « critique ecclésiastique. » Tel était le titre qu'il avait choisi.

« C'est avec douleur, disait-il, que nous avons appris le scandale qui s'est produit à Vic-le-Comte. Le curé de la paroisse a arboré le drapeau blanc et l'a maintenu durant deux heures, malgré les protestations des habitants. Hélas! le clergé prétend qu'on l'attaque injustement! C'est contre lui-même qu'il faudrait qu'on le défendît. Ouvertement révolté contre le pouvoir civil..... etc. »

En vain écrivait-on de Vic-le-Comte que le prétendu drapeau blanc n'était qu'un drap de lit que la servante du curé avait fait sécher à la fenêtre, le rédacteur de la critique ecclésiastique se faisait délivrer des certificats par des « habitants notables » de la localité et continuait ses objurgations.

Gaudissart devait recevoir la récompense d'un si beau zèle. Un département de l'Ouest l'envoya à la Chambre ; Gaudissart n'appartenait pas à ce département mais il avait appris que le clergé y était prépondérant. Chaque dimanche les paysans allaient pieusement baiser la main du pasteur à l'issue de la messe et lui apportaient des œufs et du beurre ; ils l'invitaient à toutes leurs fêtes de famille. Le pasteur traitait ses ouailles comme des enfants avec une bonté superbe. Quelques irrégularités relatives à des prédi-

cations en plein vent avaient attiré l'attention de
Gaudissart sur ce pays primitif et l'*Époque* avait
vertement rappelé le clergé au respect des prescrip-
tions du concordat. Peu de temps après, un collége
électoral devint vacant dans la contrée et un vieux
notaire fort retors vint trouver Gaudissart et l'en-
gagea à se présenter. Gaudissart répondit : « mais
c'est la citadelle du clergé ! » Les amis de Gaudissart
répondirent « : Mais le clergé mène les électeurs à sa
guise ! » Présentez-vous, répéta le notaire.

Et Gaudissart se présenta. Et l'on dit aux paysans :
« C'est celui-là qui vient pour vous débarrasser des
curés. » Et les paysans, après avoir baisé pieusement
la main du pasteur, s'en allèrent en masse voter pour
Gaudissart.

« Et pourquoi? leur disait-on.

— Il faut que **M.** le curé sache..., répondaient-ils.

— Sache... Quoi? »

Ils auraient été fort embarrassés de le dire.

Gaudissart devint de plus en plus modéré. A la
Chambre, il se rangea parmi les plus tranquilles, mais
il n'oublia pas sa spécialité. Seulement il modifia ses
allures. C'est avec un respect profond qu'il proposait
des réductions sérieuses sur le budget des cultes. Il
parla à propos de l'enseignement supérieur, proclamant la science des instituteurs religieux, mais dé-
plorant leur hostilité envers la société moderne. « Je
veux bien, dit-il, que mon fils vénère les prêtres ; je ne
veux pas qu'il les écoute. »

Gaudissart était évidemment désigné pour faire

partie d'un ministère et pour y prendre le portefeuille des cultes. Gaudissart est ministre depuis ce matin.

Le voilà déjà installé dans son cabinet. Son âme a des orgueils immenses. « Je les tiens donc sous ma main, ces pontifes ! » Et le rédacteur des *Droits popu-laires* reparaît sous le politicien heureux. « Ils vont venir quêter ma protection, eux qui me regardaient de si haut jadis. Moi, le pamphlétaire qu'on traînait en Cour d'assises, je les protégerai si je veux, et je les châtierai, si je daigne. Dans mon antichambre, MM. les prélats ; sur mon escalier, MM. les curés, et que le nonce du pape vienne humblement me présenter ses hommages ! »

Et comme si la Providence voulait donner à Gau-dissart un avant-goût des ineffables douceurs du pou-voir, on annonce Mgr l'évêque d'Icarie (*in partibus infidelium*).

Comment Mgr l'évêque d'Icarie a-t-il connu la no-mination de Gaudissart ? Mystère ! Il est dix heures du matin ; c'est à huit heures que le décret a été signé. Gaudissart n'a pas perdu de temps pour venir s'ins-taller, mais Mgr d'Icarie était informé avant Gaudissart. Vers neuf heures et demie, la voiture du prélat sta-tionnait aux abords du ministère, et Monseigneur guettait du fond de l'équipage la venue de la nouvelle Excellence. Mgr d'Icarie sera le premier à offrir ses respects.

« Qu'il attende », dit Gaudissart qui, pour le moment, n'a rien à faire, car nul n'est encore au courant de sa nomination, et le ministère est désert.

Mais Gaudissart veut que le prélat s'aperçoive qu'on n'entre pas si aisément chez un supérieur.

Gaudissart s'ennuie. Il cause avec son chef de cabinet; il voudrait voir les directeurs généraux. Mais les directeurs ne sont pas encore arrivés. « On ne fait rien ici! s'écrie-t-il; mais tout cela va changer. » Rien ne changera. Demain les questions politiques s'élèveront. Gaudissart défendra éperdûment son portefeuille. Il aura tout juste le temps de demander aux directeurs généraux les renseignements indispensables pour ne pas rester coi à la Chambre, et les directeurs généraux continueront à venir tard et à partir de bonne heure.

Mgr d'Icarie lit pieusement son bréviaire. C'est un bel homme, jeune encore. Il a une douillette de soie, une croix d'or émaillée, et, sur sa soutane, on aperçoit vaguement une imperceptible décoration.

« Faites entrer Monseigneur. »

Monseigneur s'incline profondément.

« Que puis-je pour vous, Monseigneur? »

Monseigneur!!! Et Gaudissart fit jadis une campagne très-remarquée dans les *Droits populaires* contre ce titre de Monseigneur emprunté aux plus mauvais jours de notre histoire. « Quoi! disait-il, c'est tout au plus si nous daignons appeler « messieurs » les représentants du peuple souverain, les grands citoyens qui ont établi la République, et nous traitons de « messeigneurs » les fonctionnaires de l'ordre ecclésiastique, les contempteurs de nos institutions. Cessons de montrer dans nos paroles la servilité de nos âmes! »

Et pourtant il a dit Monseigneur!

Monseigneur n'est pas en reste de politesse. « Votre Excellence », dit-il. Excellence ! Gaudissart regrettait fort que cette délicieuse appellation eût été supprimée.

« Il y a du bon, pense-t-il, dans ces gens d'ancien régime ; ils sont polis. »

« Votre Excellence, continua le prélat, peut m'accorder la plus signalée de toutes les faveurs en me permettant de lui présenter mes hommages. Le clergé français est heureux de voir à sa tête un esprit sincèrement préoccupé des questions religieuses, et cherchant des solutions libérales. Nous n'avons pas oublié que Votre Excellence disait naguère qu'elle apprendrait à son fils à vénérer l'Église. »

Gaudissart se sentait charmé par ce petit discours.

« Je suis touché, dit-il, des paroles que vous m'adressez, Monseigneur, et j'en remercie Votre Eminence ».

— Non, pas Eminence, fit l'évêque, Grandeur seulement.

— Votre Grandeur, répliqua Gaudissart en rougissant. Je suis un peu étranger aux termes ecclésiastiques.

— Aux termes peut-être et, quand on songe aux questions élevées qu'étudie Votre Excellence, on le comprend sans peine, mais non pas aux choses. Nous allons avoir, je le pressens, un grand ministre des cultes.

— Votre Grandeur me comble. Si je pouvais être agréable à Votre Grandeur... Le diocèse de Votre Grandeur a sans doute besoin de secours. La cathédrale...

— Hélas ! mon diocèse est au centre de l'Asie et ma cathédrale tient dans la cahute d'un missionnaire.

— Comment des hommes éclairés comme Votre Grandeur ne gouvernent-ils pas un de nos grands diocèses?

— Il y en a tant de plus dignes.

— Je ne le crois pas, non, je ne le crois pas. »

Le prélat se retire.

« Voilà un admirable prêtre, dit Gaudissart à son chef de cabinet. Ah! s'ils étaient tous ainsi! Désintéressé, intelligent, jugeant bien les hommes. Nous ne l'oublierons pas à la prochaine vacance. »

Mais la cour se remplit de bruit, c'est le cardinal archevêque de Brest qui, de passage à Paris, a su la bonne nouvelle. Comment l'a-t-il connue? Nouveau mystère.

Le cardinal a quatre-vingts ans. Il pleure toujours.

Il force la consigne. Sa robe soutachée de rouge, les trois ou quatre prêtres qui le suivent font impression sur les huissiers. Le cardinal est dans les bras du ministre avant même qu'on l'ait annoncé.

« Ah! mon fils, mon cher fils (le cardinal pleure); vous voilà à la tête de l'Eglise de France; fardeau terrible! (Il sanglote.) Ah! chérissez-la bien, notre sainte mère. Vous, si bon chrétien, vous l'aimez, n'est-ce pas? Je me rappelle encore le temps où je vous faisais faire votre première communion, quand vous étiez élève de mon petit séminaire. Ah! vous étiez déjà bien pieux! Vous montriez ce que vous seriez un jour? (Sa voix se perd dans les sanglots.)

Gaudissart reste stupéfait. Il a été élève du lycée Louis-le-Grand et son père, libre penseur, a défendu qu'il fît sa première communion. Mais il ne veut pas contredire le bon vieillard. Il est ému lui-même ; tout le monde du reste est ému. Les quatre ecclésiastiques pleurent ; le chef du cabinet pleure et de l'autre côté de la porte restée entr'ouverte on entend dans l'anti-chambre des bruits de mouchoirs.

« Tiens, mon fils, dit le cardinal (s'adressant aux ec-clésiastiques), je peux bien le tutoyer comme autrefois, ce cher enfant. Voici une petite liste que j'ai préparée. Tout cela est urgent. Ton prédécesseur était imbu des idées du jour. Il ne nous accordait rien. Mais toi, mon fils (il sanglote), tiens, il nous faut 750,000 francs pour réparer la cathédrale où tu as fait ta première commu-nion, ta pauvre vieille cathédrale, à toi ; et pour ton petit séminaire, 300,000 francs ; et pour les bonnes sœurs, tes bonnes sœurs, qui te soignaient à l'infir-merie, 80,000 francs ; et pour les petites choses... Total, 1,453,673 fr. 75 cent. Tu vois que c'est compté bien juste. Allons, adieu, embrasse-moi encore. Je ne te remercie pas. C'est pour toi que je te demande tout cela ! »

Le cardinal sort, le mouchoir sur ses yeux. Gaudis-sart verse des larmes.

— Le cardinal se trompe, mais c'est un digne homme. Son diocèse est voisin de ma circonscription électorale. Si j'avais là-bas l'appui occulte du clergé, je serais sûr d'être toujours nommé désormais. Gardez la liste du cardinal.

Mais l'heure avance. Les directeurs généraux sont arrivés.

On les introduit. Force compliments, admirable-ment débités, car ils ont souvent servi. On parle d'af-

faires. Les directeurs qui se sentent menacés et qui
veulent plaire au nouveau ministre reproduisent les
idées qu'il a émises si souvent. « Des économies sur le
budget des cultes, disent-ils, tout est là. Plus de ces
traitements scandaleux, plus de ces subventions exa-
gérées aux édifices religieux. Si les fidèles veulent des
monuments, qu'ils les paient.

— En principe vous avez raison, fait le ministre,
mais il y a des intérêts artistiques que des hommes
éclairés ne peuvent oublier. On m'a parlé par exemple
de la cathédrale de Brest, une œuvre admirable du
moyen âge. Elle tombe en ruines. »

Étonnement des directeurs et silence profond.

Le ministre se trouble.

— Ne suis-je pas bien renseigné ?

— Pardon, monsieur le ministre, mais la cathédrale
de Brest date de 1832. Elle est en parfait état ; seulement le cardinal voudrait faire élever un clocher d'un
goût et d'une utilité contestables.

— Ce n'est pas mon avis, dit sèchement le ministre.
Je m'intéresse à cette cathédrale où j'ai fait ma première...

Il s'arrête à temps. Il se trompait lui-même. « Nous
en reparlerons », ajoute-t-il.

Les directeurs généraux sont congédiés, car l'antichambre, les salons d'attente, l'escalier, le vestibule,
les trois cours du ministère sont encombrés. Les robes
noires se sont épandues partout. On en voit tout autour du ministère, dans la loge du concierge ; cinq ou
six se sont introduites dans le jardin, Dieu sait comme,

et leurs porteurs donnent à manger aux cygnes. L'hôtel a l'air d'un séminaire.

Deux cardinaux, trois évêques, six chanoines, douze chanoines honoraires, neuf curés, huit chefs d'ordres, quatorze vicaires, vingt prêtres libres et six supérieures de couvent demandent la faveur d'une audience ; mais l'heure du conseil des ministres est venue. Son Excellence se fait excuser. Peu importe, on attendra.

Le ministre va au conseil, puis à la Chambre. Il est reçu sans enthousiasme. Ses ennemis lui font longue mine. Ses amis déçus, qui tous espéraient faire partie du cabinet, ne montrent pas plus de sympathie.

Il rentre au ministère un peu attristé ; mais tout à coup son visage s'est rasséréné. Un haut dignitaire ecclésiastique est là, sur le perron, qui le reçoit quand il descend de voiture ; trois évêques lui font la révérence, sept curés forment la haie sur l'escalier, un cardinal le salue au seuil de son cabinet, et sur son passage les six supérieures se signent en disant leur chapelet.

Tout à l'heure il n'était qu'un politicien battu en brèche par ses émules, maintenant de nouveau il se sent un grand personnage devant lequel s'incline cette puissance surnaturelle, l'Église.

Aussi, comme il les reçoit bien ces solliciteurs qui lui donnent la preuve de sa grandeur !

Au nonce qui attendait son retour, il déclare que le droit de nomination des évêques ne sera qu'une formalité, que le ministère suivra toujours les indications du saint-siége. Il recommande pourtant l'évêque d'Icarie. Le nonce déclare qu'il songeait à ce saint prélat. Il y a justement un siége vacant. Quel accord touchant et comme la séparation de l'Église et de l'État, thème du dernier discours de Gaudissart, est remplacée avantageusement par la fraternité de l'Église et de l'État.

Aux cardinaux et aux évêques, le ministre promet généreusement les subventions demandées; le chef de cabinet écrit fièvreusement des colonnes de chiffres. Les curés et les vicaires sont certains de recevoir des fonds pour les réparations. Les chanoines seront tous candidats aux évêchés, et les supérieurs d'ordres ne seront pas inquiétés au sujet de certaines donations.

Quant aux six religieuses, elles s'en vont les mains pleines; on leur a remis tous les fonds qui restaient libres sur le chapitre des secours.

Les directeurs généraux demandent à être introduits de nouveau. Ils remettent au ministre un travail qui réduit le budget des cultes de huit cent mille francs.

« Il faudra réviser ce travail, fait Gaudissart.

— Il est impossible dans l'état des choses, monsieur le ministre, de faire d'un seul coup de plus fortes réductions.

— Voici mon travail, à moi, répond le ministre. J'ai accordé quelques subventions indispensables. Edgard, dit-il au chef de cabinet, donnez à ces messieurs le total.

— Quatorze millions cinq cent trente-deux mille francs d'augmentation ! »

Les directeurs restent pétrifiés. Le ministre profite de leur stupéfaction pour se lever.

« Ah! s'écrie-t-il en s'approchant d'une fenêtre,
voilà le vénérable cardinal de Paloue qui monte en
voiture. Ne le laissez pas partir, j'ai oublié de lui demander sa bénédiction. »

« Pierre, si l'on vient me demander, dites que je déjeune chez M. Dumont.

— Faut-il qu'on attende le retour de monsieur?

— Mais non, vous ne comprenez donc rien; qu'on vienne me trouver immédiatement. »

Pourquoi a-t-il accepté l'invitation de Dumont? Qu'est-ce que Dumont? Moins que rien. Un simple millionnaire qui a un merveilleux hôtel aux Champs-Élysées, un superbe château en Picardie, dix chevaux, et pour entretenir tout son luxe une usine gigantesque où il emploie deux mille ouvriers. Mais Dumont ne s'occupe pas de politique; il ne fait à ses ouvriers ni recommandations, ni menaces au moment des élections. Lui-même ne vote pas; il a les jours de scrutin une série d'occupations ou de plaisirs qui l'éloignent de la salle de vote. De tout cela il résulte que Dumont n'a pas d'influence et que Dumont est moins que rien.

Quelle drôle d'idée d'aller dîner chez Dumont quand on s'appelle du Centre, député considérable, désigné par les journaux comme devant faire partie d'un ministère, et désigné non pas une fois ou deux fois par une feuille amie, comme cela arrive à chacun, mais désigné depuis cinq ans à chaque changement projeté ou effectué de cabinet, c'est-à-dire tous les jours, et désigné chaque fois pour chacun des ministères, en allant du ministère de la justice au ministère de la marine, sans oublier celui des affaires étrangères?

Quand M. du Centre s'interroge en conscience, il peut jurer qu'il n'a rien fait pour provoquer ces désignations ; elles ont été spontanées. C'est tout simple ; dès que la chance tourne à droite, M. du Centre qui y voit juste fait des avances à la droite ; de même pour la gauche, également pour les divers centres. Or, M. du Centre est intelligent, disert, honorable. Bien des personnages inférieurs à lui reçoivent un portefeuille ; on prévoit donc qu'il en recevra un. Comment s'étonner qu'on le désigne?

Le malheur de M. du Centre, c'est que, connaissant les titres qu'il a, il croit à ces désignations et qu'il *attend*.

Or, on est justement en pleine crise. Le ministère est démissionnaire. Du Centre a fort bien parlé et achevé l'agonie du cabinet, on le désigne de toutes parts. C'est pour lui le moment d'*attendre*.

Eh bien alors! pourquoi du Centre a-t-il accepté, en un tel jour, de déjeuner chez Dumont? C'est que, faiblesse étrange chez un si grand esprit, du Centre ne serait pas fâché d'étonner Dumont. Il y a longtemps qu'il connaît Dumont ; c'est une amitié de collége. Or, Dumont, sans le vouloir, offusquait fort du Centre. Dumont riche, élégant, avait, dès sa sortie du lycée, loges au théâtre, phaéton au bois, maîtresses à l'Opéra. Du Centre profitait du phaéton, des loges et parfois des maîtresses. De là un grain de jalousie. Devenu député, du Centre crut qu'il allait étonner Dumont. Il parlait sans cesse des enivrements de la popularité, de la grande influence qu'il mettait à la disposition de Dumont; il faisait valoir ses hautes relations politiques. Dumont ne paraissait pourtant pas étonné; il trouvait tout simple qu'on fût député ; il n'avait pas de bureau de tabac à solliciter et ne tenait pas tout à connaître des ministres ; il n'y avait donc pas compensation. Du Centre n'était pas envié, cela le tracassait, et, au milieu de ses rêves d'ambition, il voyait toujours Dumont reçu par lui avec bienveillance dans les salons du ministère, et lui-même, du Centre, s'écriant :

« Excusez-moi, mon cher, je vous quitte ; j'ai deux mots à dire au prince héréditaire de Westphalie. »

En acceptant à déjeuner, du Centre avait une vague et secrète espérance : « Si l'on venait me chercher de la part du chef de l'État pour m'offrir un portefeuille, quel effet produit sur Dumont ! »

Si du Centre disait la vérité tout entière, il avouerait qu'il n'a pas fait ce calcul une fois seulement. Voilà dix ou douze fois qu'il a accepté l'invitation de Dumont dans de semblables vues. Dumont invite souvent du Centre qui est un aimable convive ; mais du Centre s'excuse en parlant de ses occupations. Les jours de crise, du Centre accepte toujours. C'est au point que Dumont s'en est aperçu, et lui a dit parfois : « Quelle curieuse coïncidence ! tu viens toujours chez moi au moment où tu vas être ministre. »

Du Centre arrive chez Dumont ; il a l'air absorbé.
Dumont lui serre la main et le félicite. — « Cette
fois, c'est certain, la chose est faite, tout le monde
l'annonce, tu as ton portefeuille.

— Ah ! mon cher, répond du Centre d'un ton dégagé, je ne crois pas que j'accepterai. Mieux vaut être
tranquille sur son banc de député, que tourmenté sur
celui des ministres. On a une influence plus sérieuse.

— Cependant, la situation de ministre procure bien
des avantages.

— On peut appliquer ses idées, dit du Centre d'un
ton grave. Enfin !... à ce propos, s'il vient quelqu'un
me demander, je te prie de dire qu'on m'avertisse
immédiatement.

— C'est bien cela, tu attends un envoyé du chef de
l'État. »

On se met à table ; du Centre est agité et inquiet. Il
regarde la pendule. Parfois il croit entendre le timbre
résonner.

« On a sonné ?

— Non.

— J'en suis sûr. »

Un valet de pied, envoyé en toute hâte, dit que
personne n'est venu.

Le déjeuner s'achève. En dépit de ses efforts du
Centre est devenu morose. Il s'attarde chez Dumont.
Enfin il faut partir.

Va-t-il rentrer chez lui, — pour que l'impatience
le torture ? — Non, il veut se distraire.

— Si quelqu'un vient me demander, tu l'enverras
chez Mme de Bellisle.

Du Centre passe deux heures chez Mme de Bellisle.
On prétend que du Centre est très-assidu chez cette
dame. Entre nous on ne se trompe pas. Du Centre est
grincheux aujourd'hui. Il dit à Mme de Bellisle des
choses désagréables, critique la toilette qu'elle avait la
veille aux Italiens, se moque du jeune attaché qui l'es-
cortait à cheval le matin. Mme de Bellisle laisse dire. Elle
sait qu'il a une *crise de ministère*, que cela est pério-
dique et passera comme une crise de nerfs. Il s'en va,
agacé et mécontent.

« Vous savez, chère amie, dit-il en partant, si l'on
vient me demander, je suis au club. »

Au club, il s'approche d'un groupe, parle haut, raille
la pièce en vogue, déclare que la principale actrice est
à demi bossue, malmène ceux qui causent politique
et part en disant au valet de pied : « Si l'on vient me
demander, je suis au restaurant B... »

Au restaurant B..., il est impatient avec le garçon ;
il affirme que le poisson est gâté, que la volaille est
dure et traite de malappris un étranger ahuri qui l'a
heurté en passant.

« Louis, si l'on vient me demander, je suis à l'O-
péra. »

A l'Opéra, il affecte de bâiller, proteste contre les
bravos, fait des observations sévères au directeur, et
sort brusquement au milieu du deuxième acte.

Le voilà rentré chez lui.

« Pierre, est-on venu me demander ?

— Oui, monsieur.

— Qui donc ?

— Un jeune homme très-pressé, qui voulait absolument voir monsieur.

— Comment était-il ce jeune homme ?

— Fort bien mis.

— Décoré ?

— Oui, monsieur.

— S'il revient, faites-le entrer.

— Jusqu'à quelle heure faut-il l'attendre ?

— Toute la nuit. »

M. du Centre passe dans son cabinet. Une demi-heure s'écoule, le jeune homme ne vient pas. M. du Centre se promène avec irritation.

« Où peut-il être, cet envoyé ? c'est ennuyeux. Il faudra que je fasse demain une déclaration à la Chambre. Je vais être certainement l'orateur du cabinet. Je voudrais avoir quelques heures pour me préparer. Et qui m'empêche ? »

Du Centre se met à sa table de travail. — Il commence; les idées viennent en foule. Jamais il n'a été mieux inspiré. En trois quarts d'heure il a presque terminé son œuvre. Tout à coup Pierre paraît :

« Voici le jeune homme qui demandait M. le député. »

Le jeune homme entre :

« Ah ! j'ai fait bien des efforts pour vous rencontrer, monsieur. J'ai été chez vos amis, au club, au théâtre. Il s'agit d'une communication urgente.

— Faites-la, monsieur, faites-la, bien que je me doute un peu de ce que vous avez à me dire.

— Ah ! cela me met à l'aise. Je suis le frère de M. X..., votre électeur ; je suis ingénieur, j'ai entrepris une affaire qui a mal tourné. J'ai besoin de dix mille francs pour demain, sinon la faillite ; je viens avec confiance vous les demander. »

Du Centre regarde le jeune homme avec stupéfaction.

A ce moment Dumont fait irruption.

« Je viens te porter mon compliment, c'est décidé, n'est-ce pas? on est venu en hâte te demander chez moi. Pourtant je suis ennuyé, cela va déranger notre partie de chasse d'après-demain. »

Du Centre a eu le temps de se remettre.

« Monsieur, dit-il poliment au jeune homme, je regrette vivement de ne pouvoir faire ce que vous me demandez. »

Le jeune homme salue froidement et se retire.

« Quoi! tu as refusé, refusé un ministère ?

— Un ministère, s'écrie Pierre, qui est entré avec M. Dumont, il est fait le ministère ! On est venu chercher, à six heures, M. le comte de Vaudricourt, sénateur, qui demeure dans la rue. Son valet de chambre l'a raconté dans tout le quartier. Le comte est revenu à huit heures et on l'a entendu dire que tout était réglé.

— Et que nous importe, s'écrie du Centre, sortez, Pierre, ne nous fatiguez pas de vos bavardages. »

Pierre sort et du Centre s'écrie : « Vaudricourt! je m'en doutais; il me hait; je parie qu'il s'est adjoint tout mon groupe, tous mes amis, excepté moi. Et mon discours qui prenait si bonne tournure !

— Et que vas-tu faire ?

— Je vais retourner mon discours, il n'en sera que meilleur.

— Et ce jeune homme ?

— Il est furieux, c'est deux mille voix que son frère va m'enlever, ma réélection est compromise.

— Tant mieux, mon ami, tu n'auras pas de porte-feuille, mais du moins tu ne prendras plus la peine d'en attendre un. »

Les employés sont en émoi. On s'interroge avec anxiété dans les bureaux; les attachés sortent par bandes et s'en vont en groupes. Tous ont des airs lugubres. L'imberbe vicomte prend le bras du juvénile marquis et navrés l'un et l'autre, ils se font leurs confidences.

« Je crois qu'il va falloir nous retirer, soupire le vicomte.

— Oui, ce n'est plus la place des gens comme il faut, riposte le marquis.

— Jusqu'à présent on pouvait encore se réfugier ici et y faire sa carrière, mais désormais que deviendrons-nous?

— Nous resterons chez nous, mon cher, et tant pis pour le pays qui avait besoin de nos services.

— Il est dur cependant d'avoir déjà passé sept ans...

— Dites huit.

— A bâiller sur les protocoles...

« — Ou à périr d'ennui dans le grand-duché de Hohenzollern..

— Pour s'en revenir bredouille, avec une douzaine de décorations à cinq cents francs le tas.

— Et pourtant qu'y faire?

— Rien, le nouveau ministre est désigné.

— Et quel ministre, un enragé ! Avant-hier instituteur primaire, hier député farouche, aujourd'hui notre chef à tous.

— Allons-nous-en, avant qu'il ne nous mette à la porte.

— Et nous serons vengés! Le ministère va être curieux à voir et les postes vont être brillamment occupés.

— On dit qu'il amène avec lui toute une bande inimaginable. On parle d'un chef de cabinet qui fut commis voyageur et il paraît qu'à l'ambassade de Londres on doit placer certain fabricant de produits chimiques.

— Quand envoyez-vous votre démission? Avant ou après l'installation du personnage?

— Après, je tiens à me procurer quelques heures de fou rire. »

Le nouveau ministre devait recevoir solennellement ses subordonnés le lendemain. Dans la soirée. il vint travailler au ministère. Tout le haut personnel l'attendait sombre et morose.

L'ancien instituteur fit une entrée grandiose et terrible. On savait qu'il méditait une épuration générale. Que de fois il avait signalé les passe-droits et les abus :

7.

« Il faut qu'un sang nouveau s'infiltre dans ce vieux corps et pour infuser du sang nouveau, il faut en tirer de l'ancien. » Donc on attendait la saignée et le ministre prit le ton décidé d'un chirurgien brutal.

« Vous savez, messieurs, dit-il, que je viens ici pour tailler dans le vif. Ne vous attendez à aucune concession. Ceux qui voudront m'aider dans ma tâche devront être déterminés comme moi à ne rien épargner. Il me faut des travailleurs, des hommes d'affaires et des amis éprouvés de la démocratie. Aussi commencerai-je tout d'abord par modifier le personnel. J'ai ouï dire qu'ici le mérite cédait souvent la place aux futiles avantages de la naissance et du rang. Cela est fini, messieurs, fini. Désormais je veux ignorer comment s'appellent mes subordonnés, je ne veux savoir que ce qu'ils font. »

Puis il congédia ses chefs de service et resta seul plongé dans ses pensées.

« Il faut aller vite en besogne, se dit le ministre. Je suis ici pour épurer, épurons. » Et il se saisit d'une liste qui comprenait les noms de tout le personnel destiné à l'épuration.

Tout d'abord le ministre ressentit une indignation très-légitime. Il avait bien entendu dire que la faveur était prodiguée aux noms anciens et aux titres sonores. Mais il n'imaginait pas que cela allât aussi loin. A chaque ligne, il s'exclamait : « Il n'y a que des gentils-hommes ici. A l'étranger, à l'intérieur, des comtes, des marquis. A peine si un nom roturier se glisse parmi cette foule trop qualifiée ! Allons, allons, cela

ne peut durer. Nous sommes dans un siècle d'égalité
et il faut que l'égalité régne partout. Oui, dans un
siècle d'égalité! insista le ministre en réfléchissant,
et qui pourrait le nier en voyant en tête de cette
liste aristocratique, un nom plébéien, mon nom, qui
domine tous les autres! Oui, ils disparaissent ces
titres historiques devant mon éclat nouveau! On doit
le reconnaître, c'est un triomphe pour la démocratie
et ce triomphe, il ne faut pas lé détruire en écartant
tous ceux qui portent des titres illustres! Il est bon
que l'aristocratie ait l'humiliation de se voir menée,
commandée par la volonté d'un simple démocrate.
Je vais donc garder quelques-uns de ces nobles et
des plus authentiques. »

Et le ministre parcourut la liste : « Rochenoire!
ils furent ducs et pairs sous Louis XIV les Rochenoire!
C'est beau pourtant d'avoir le droit de faire venir chez
soi M. de Rochenoire, car je le ferai venir chez moi
et même il fera antichambre. Et pas plus tard que
demain. Il est attaché à la direction politique, à Paris.
Je l'informerai qu'il ait à se présenter. Il entrera ;
je ne le prierai pas de s'asseoir. Il peut bien rester debout
devant son chef et je lui dirai .... que je n'ai plus
besoin de ses services! Oui, et alors il s'en ira et il
se moquera de moi, une fois sorti. Il doit être riche,
ce Rochenoire. Il passera dans son équipage et il ne
me saluera pas quand il me rencontrera. Non, non.
il faut qu'il reste à ma disposition et qu'il fasse de
nouveau antichambre quand je voudrai. Rochenoire
ne partira pas. Je lui dirai que je l'attache à mon
cabinet ; il viendra au premier coup de timbre comme

un domestique. Je crois que cette fois on reconnaîtra
que je sais abaisser l'aristocratie.

» Voici encore un autre grand nom, Montmorillon.
Cela date des croisades. Aussi noble que Bourbon. Il
est ministre plénipotentiaire en Bavière! Un poste
bien choisi! Là-bas! dans ce pays tout friand de quartiers de noblesse, Montmorillon nous raille sans doute.
Il rit de ceux dont il est le représentant. Il est plus
considéré là-bas parce qu'il est comte de Montmorillon
que comme envoyé de son gouvernement. Cela ne
peut pas durer. Il faut que je lui fasse sentir qu'il n'est
que mon serviteur. Dès demain une dépêche l'enverra
au bout du monde. Aux Etats-Unis? C'est cela. Là du
moins il ne se retrouvera pas parmi ses pareils. Puis il
n'est pas mauvais de leur montrer à ces Yankees
qu'ils ne sont pas encore à notre hauteur, et que,
quoi qu'ils fissent ils ne pourraient pas nous envoyer des
hommes qui ont six siècles de noblesse. C'est de l'a-
vancement que je lui donne à ce Montmorillon. Mais
le prestige du gouvernement avant tout. Tiens! un
prince de Ventadour! ministre plénipotentiaire seulement! A-t-il mérité ce grade du moins? J'en doute.
Mais c'est un beau nom, le plus ancien peut-être du
pays. Les Ventadour prétendent remonter aux Méro-
vingiens et ils furent souverains sur la frontière jusqu'en 1773. Les journaux disaient ce soir que le prince
voulait donner sa démission et nos adversaires s'en
réjouissaient, d'autant plus qu'immédiatement après,
on annonçait que Louchon était désigné pour l'ambassade de Londres. Louchon! le fait est qu'il sera
grotesque dans les salons du West-End. Il y a des gens

qui ont de la distinction innée (en disant cela le ministre passait et repassait avec complaisance devant une glace.) Mais les autres ! C'est vraiment fâcheux d'être représenté par des gens qui vous ressemblent si peu. Cette nomination de Louchon va donner prise à de mauvaises plaisanteries. Il paraît que dans sa jeunesse, Louchon passa six mois à Londres comme précepteur. Certes, c'est honorable, mais il y a là une fâcheuse coïncidence. Et cela justement au moment où Ventadour nous quitte. On dira que nous faisons fuir les gens du monde et que nous les remplaçons par des... Louchon. Quel effet déplorable comme début. Non, vraiment il faut garder Ventadour et évincer Louchon ! Ce Louchon est d'une ambition outrecuidante ! L'ambassade de Londres, pour commencer ! Parce.qu'il dirige un groupe de six députés. Le dirige-t-il ? Je n'en suis pas bien sûr. C'est lui qui le dit. Non, non, la Bavière peut-être ! mais l'Angleterre, jamais ! Ah ! s'il s'appelait Ventadour ! Au fait, pourquoi pas ? Je l'ai, le Ventadour. Une ambassade ! Il réfléchira avant de partir. Il restera. Quel triomphe pour nous ! Nos ennemis seront fort embarrassés. Humilions l'aristocratie. Que Ventadour soit mon ambassadeur à Londres ! »

Et toute la nuit le ministre continua à humilier l'aristocratie. On lui avait demandé vingt postes considérables pour des députés et des sénateurs influents, quarante postes subalternes pour des écrivains affamés ou des candidats bien pensants et battus. Il écarta les trois quarts des compétiteurs et, non sans regrets, il pourvut les solliciteurs les plus implacables. Puis il termina son travail fort allégrement en accumulant les mutations et les promotions.

Le jour trouva le ministre debout. « J'ai travaillé, » dit-il à ceux qui s'en étonnaient.

« Il a travaillé, » tel fut le mot formidable qui dès le matin épouvanta tout le monde au ministère.

L'imberbe vicomte et le juvénile marquis, fort exacts ce jour-là à force d'impatience, se répétèrent avec effroi. « Il a travaillé ! »

« Nous sommes perdus, fit le vicomte.

— Mon père va me rappeler en Anjou quand j'aurai perdu ma place, s'écria le marquis.

— Les Simon ne voudront plus me donner leur fille qu'ils voyaient déjà ambassadriee. Deux millions de perdus !

— Et que va dire la princesse que je devais retrouver à Pétersbourg au premier mouvement? »

Et le vicomte et le marquis répétaient : « Il a travaillé, c'est contre nous. Rien qu'en voyant nos noms, le féroce démagogue nous destituera impitoyablement. »

Enfin, la réception eut lieu. Le ministre fut solennel : « Messieurs, dit-il, j'ai dû modifier profondément le personnel du ministère. Mes propositions ont été acceptées ce matin même par le conseil des ministres. Je tiens à vous les communiquer avant qu'elles deviennent officielles. »

Et le ministre fit connaître à ses subordonnés une liste auprès de laquelle l'almanach de Gotha eût semblé œuvre roturière.

Comme chef de cabinet il avait choisi un vicomte ;

toutes les ambassades étaient confiées à des ducs. Peu de ministres plénipotentiaires qui ne fussent marquis ou comtes. Parfois un nom plébéien tranchait sur cette splendide énumération ; c'était celui d'un des politiciens imposés au ministre.

Mais ce rare contraste ne faisait que donner plus d'éclat au reste de l'élucubration ministérielle.

Le juvénile marquis et l'imberbe vicomte n'étaient pas oubliés. Ils se voyaient promus à un grade qu'ils n'avaient même pas osé ambitionner et qui était promis à deux employés très-distingués, mais qui portaient des noms obscurs.

Ce fut une stupéfaction générale.

Nul ne comprenait quel était le but du ministre. Tout à coup celui-ci s'écria d'une voix brève : « Rochenoire, venez dans mon cabinet, j'ai des ordres à vous donner ; qu'on fasse entrer le duc de C..., le duc de X..., et le prince de V... au salon d'attente, je leur accorderai une audience dans une heure.

— Parbleu, dit le marquis au vicomte, voilà une phrase que notre chef a du plaisir à prononcer.

— Et que j'ai encore plus de plaisir à entendre, repartit le vicomte, car s'il n'avait pas tant de joie à la dire, nous ne serions pas premiers secrétaires.

— Et bientôt ministres plénipotentiaires.

— Qui sait ? peut-être d'ici là aura-t-il décidé que les ministres plénipotentiaires devront être tous ducs. »

D'ordinaire les politiciens recherchent avidement le pouvoir, et dès qu'ils ont quelque chance de l'obtenir ils le saisissent avec empressement. Pourtant il arrive parfois que les circonstances rendent l'exercice du pouvoir difficile, que des obstacles considérables se présentent à celui qui l'occupera. Tel rouage constitutionnel ne manœuvre pas facilement. Par exemple un président de République résiste à certaines prétentions; une des chambres se montre trop rétrograde ou trop avancée au gré de celui qui pourrait arriver aux affaires. S'il s'agissait de véritables hommes d'Etat, de ceux qui cherchent la puissance pour faire triompher leurs idées, ces difficultés même enflammeraient leur zèle et ce seraient les plus habiles et les plus influents qui brigueraient l'honneur de prendre toute la responsabilité et de livrer la bataille. Mais, comme les politiciens considèrent le pouvoir comme une retraite péniblement gagnée, comme un hôtel des Invalides où l'on festoie après la lutte, ils ne sont pas assez sots pour entrer dans la maison quand tout n'y est pas tranquille.

Ils courraient le risque d'en être chassés et de n'y
plus revenir. Pourtant il faut empêcher les adversaires
de s'y installer. Que fait-on alors ? On envoie des
comparses qui tiendront la place des premiers rôles,
comme on fait au théâtre où un figurant remplace
l'acteur principal, lorsqu'il s'agit de passer sur quelque « praticable » dangereux. C'est alors qu'apparaissent ceux que nous appellerons les « *petits-grands* »,
c'est-à-dire des gens bien obscurs qui un beau matin
se trouvent bombardés grands personnages et en sont
plus étonnés que personne.

M. de Rivière est un *petit-grand* dans toute l'ac-
ception du terme. Petit, car il était aussi infime que
possible ; oublié sur un banc de la Chambre par des
électeurs distraits, il y sommeillait depuis plusieurs
années, quand d'un coup on le fit aussi grand qu'on
peut l'imaginer, on le fit premier ministre. Pourquoi fit-on M. de Rivière premier ministre ? C'est que
la situation était tellement délicate qu'on la croyait
inextricable, et que tous ceux qui n'avaient pas som-
meillé depuis plusieurs années ne voulaient pas se
mesurer avec elle. Les politiciens ont un mot spécial
pour exprimer l'action de soutenir des idées, quand ces
idées sont en péril, ils appellent cela *s'user*. Les chefs
du parti de M. de Rivière craignaient de *s'user*.

M. de Rivière eut le courage des gens mal éveillés. Il
se frotta les yeux et accepta. Quand il annonça la
grande nouvelle à sa famille, on courut chercher un
médecin aliéniste qui ordonna des douches, et on allait
mettre le malheureux Rivière sous le jet, quand arriva
le *Journal officiel*, et encore le docteur voulait-il sou-

mettre au même traitement le signataire du décret.

« Puisque tu es ministre, dit M_{me} de Rivière à son mari, tu vas enfin procurer une place à notre ancien concierge, un sous-officier médaillé qui a vingt-cinq ans de service militaire.

— Ce sera mon premier acte, fit Rivière, qui se rendit au ministère. »

Il trouva dans son cabinet un jeune homme de vingt-deux ans environ qui examinait des dossiers et qui lui dit quand il entra :

« Ah ! c'est vous, monsieur le ministre, je suis bien aise de vous voir, voici la liste des changements à faire dans le personnel. »

M. de Rivière, qui avait pris en route une attitude majestueuse, resta abasourdi à la vue de cet intrus et lui dit d'un ton ironique :

« Puis-je savoir, monsieur, à qui je dois l'heureuse fortune d'avoir ainsi mon travail tout prêt ?

— Je suis l'un des secrétaires du président des gauches-unies et le président m'a donné ses instructions, vous n'avez plus qu'à apposer votre signature.

— Pardon, monsieur, mais je n'ai pas vu encore les dossiers.

— Je vous dis qu'ils ont été dépouillés avec soin. Du reste il est trop tard pour faire des changements. Notre journal paraît en ce moment et donne les noms des nouveaux fonctionnaires. Aussi ne serais-je pas venu pour si peu de chose : j'apporte trois projets de loi qui seront présentés dans la séance de demain et deux amendements au budget.

— Je les examinerai, veuillez me les communiquer.

— Si cela vous intéresse, volontiers, mais je suis chargé de vous dire que *nous y tenons.* »

Le secrétaire accentua ces derniers mots.

« Du moment où la majorité... fit le ministre.

— Enfin voilà trois candidats que vos agents devront soutenir énergiquement.

— Est-ce tout ?

— Oui, pour aujourd'hui, au revoir, monsieur le ministre. »

M. le ministre reste seul. Nul ne daigne venir chez le « petit-grand ». En revanche les abords de l'hôtel du président des gauches unies sont assiégés.

M. le ministre a le temps de songer au vieux serviteur que lui a recommandé sa femme. Il fait venir un employé supérieur :

« Nous avons quelque loisir aujourd'hui, je veux en profiter pour réparer une injustice. J'ai un protégé, un seul, un ancien soldat ; ne sauriez-vous trouver pour lui une position ? il est intelligent et valide.

— Nous avons plusieurs postes vacants en ce moment, mais ils sont bien demandés.

— Je désire que l'un d'eux lui soit accordé.

— Bien, monsieur le ministre. »

Le lendemain le ministre se rend à la Chambre. Dès qu'il paraît à la tribune, les bancs se vident, les conversations particulières s'engagent ; personne n'écoute. Mais tout à coup, au milieu du tumulte, le président du centre demande la parole ; chacun regagne sa place et l'on fait comprendre au malencontreux M. de Rivière qu'il ait à conclure au plus vite. Le président du centre le remplace à la tribune.

« La Chambre veut-elle, après avoir entendu l'avis de l'honorable ministre, savoir ce que nous. pensons nous-mêmes? (Oui! oui!) L'honorable ministre a parlé, nous l'en remercions, car il lui aurait suffi de dire qu'il s'associait aux vœux de la majorité. Expression de la volonté de la majorité et de ses chefs, le ministère n'a qu'une raison d'être et qu'un rôle, rôle éminent du reste, se conformer à la volonté de la majorité et de ses chefs. »

Pendant que l'orateur continue au milieu des applaudissements, M. de Rivière songe tristement et regarde avec regret la place où jadis il sommeillait si tranquille.

Il rentre à l'hôtel du ministère. Même solitude. Il fait appeler l'employé supérieur.

« Avez-vous fait ce que je vous ai demandé?

— Impossible, à mon grand regret, monsieur le ministre; on est venu de la part du Triomphant, et nous n'avions pas assez de postes libres pour satisfaire les solliciteurs qu'il nous a envoyés.

— Pourtant il me semble...

— Monsieur le ministre n'aurait pas voulu qu'on mécontentât un si grand citoyen. Et, pour ma part, je ne l'aurais jamais osé. Du reste, nous aurons bientôt une vacance. »

Le ministre baisse la tête. Dans la soirée il donne un ordre à un valet de chambre. Le valet de chambre répond peu poliment et le ministre le met à la porte. Le lendemain le même laquais apparaît, une tasse de chocolat à la main.

« Je vous avais dit de quitter l'hôtel, fait le ministre.

— Il faut que l'employé chargé de l'économat me donne mon congé.

— Fort bien. »

L'employé chargé de l'économat écoute le ministre.

« Je voudrais vous obéir, mais c'est impossible, répond-il, ce garçon a été placé ici par un des secrétaires de la Chambre et nous nous attirerions une affaire désagréable.

— Je ne peux pourtant pas voir devant moi durant toute la journée un homme qui m'a manqué de respect.

— Nous lui donnerons de l'avancement; nous en ferons un huissier et monsieur le ministre ne le verra qu'en entrant et en sortant. »

Le valet se transforme en huissier et l'on rit beaucoup à l'antichambre.

M. de Rivière est exaspéré. Au conseil des ministres il montre des velléités d'indépendance. Avant le conseil, un des rédacteurs du journal de l'extrème gauche est venu lui apporter une liste des affaires qu'on devait traiter ce jour-là. Tous les autres ministres ont reçu le même document. Aussi quand ils voient que M. de Rivière s'écarte légèrement du programme, ils regardent le révolté avec épouvante.

Un quart d'heure après la clôture du conseil, une note sévère est apportée à M. de Rivière; le président des gauches unies a daigné écrire et menacer.

Mme de Rivière supplie son mari d'être prudent.

Elle se trouve bien au ministère... et voudrait placer son ancien concierge.

M. de Rivière envoie des excuses au président des gauches unies ; M. de Rivière est sauvé pour cette fois. La Chambre est en vacances ; toutes les places sont distribuées ; les poursuites demandées sont ordonnées ; le ministre n'a plus rien à faire qu'à donner des signatures et il ne les refuse jamais ; la vie est devenue douce. Il va dans le monde. On l'y reçoit avec égard et sympathie ; on pousse même la courtoisie jusqu'à lui demander des faveurs pour lui faire croire qu'il peut en accorder. Une seule chose l'irrite ; il ne peut pas parvenir à placer son ancien concierge. Il a essayé de tout : bureaux de tabac, recettes buralistes, petits emplois dans les ministères. Les vacances se sont multipliées et toujours quelque protégé de l'ami du secrétaire d'un membre influent du Parlement se présentait et parlait en maître. Cette petite humiliation met hors de lui M. de Rivière.

La Chambre revient de vacances. M. de Rivière est décidé à faire acte d'autorité. Dès la première séance, il monte à la tribune, et, à la grande stupéfaction de tous, il dépose un projet de loi tendant à réserver certains postes pour les anciens sous-officiers médaillés, ayant vingt-cinq ans de service. S'il ne se fût pas arrêté à temps, il eût dit : *et anciens concierges.*

Le président des gauches, qui causait avec ses familiers, comme c'était son habitude quand un ministre prenait la parole (car il savait ce qui allait se passer), tressaillit.

« Qu'est-ce qu'a dit Rivière ? s'écria-t-il.

— Il a déposé un projet de loi que nous ne connaissons pas, répondit quelqu'un avec stupeur.

— Ah ! vraiment ! »

Et le président des gauches bondit à la tribune. Il
déclara que le ministre avait manqué à toutes les con-
venances parlementaires, que les créatures de la majorité devaient respect à la majorité ; enfin il s'emporta
au point de s'écrier que « le cabinet réclamait la protection et se dégageait de la reconnaissance. »

« Nous n'avons pas besoin de votre protection !
hurla Rivière hors de lui.

— Eh bien! passez-vous en donc », fit l'orateur. Et il
rédigea un ordre du jour de blâme qui réunit une majorité de deux cents voix.

Rivière quitta le banc des ministres et le président
des gauches, promenant ses regards sur la tourbe de
ses vassaux, aperçut un petit vieillard tout cassé, qui
écrivait avec grande attention une lettre à Toto, son
petit-fils.

— Celui-là sera peut-être plus raisonnable, dit le
maître ; voyons, monsieur Minard, voulez-vous être premier ministre ?

— Ma foi, oui. Je ferai venir Toto ; il jouera dans
le jardin. Je veux la Justice. Il y a de beaux arbres.

Et Minard fut premier ministre. Quant à Rivière, il
recommença à sommeiller sur son banc. Il ne lui reste
du pouvoir qu'un souvenir confus. Seulement de temps
en temps, sa femme lui dit d'un ton aigre : « Avoir été
premier ministre et n'avoir pas pu placer son ancien
concierge ! »

La présidence de la République est vacante. Le Congrès va se réunir. Députés et sénateurs délibèrent. Dans un des couloirs de la Chambre, cinq ou six membres du Congrès causent à voix basse ; ce sont les indécis. De leur vote sortira sans doute la solution, car la majorité sera de deux ou trois voix à peine. Nul n'ose les aborder, mais de loin on les observe.

Tout à coup un intrus s'approche du groupe, et, s'adressant aux personnages qui parlent bas, il leur demande avec une exquise politesse :

« Puis-je savoir, messieurs, à qui vous donnerez vos voix ? »

Un coup de tonnerre n'eût pas jeté dans le groupe la stupéfaction qu'y produit cette indiscrète question, et c'est à peine si l'on peut entendre sortir des gosiers étranglés par l'indignation cette question : « Qui êtes-vous ? »

— Je suis, messieurs, le prince G..., et je vous demande mille fois pardon de vous déranger, mais je suis Russe et je voyage pour m'instruire.

Le prince avait si bonne mine qu'on ne pouvait pas se fâcher, tout politicien qu'on fût.

Un sénateur prit la parole.

« Prince, dit-il, je ne sais comment vous avez pu entrer ici, malgré la consigne...

— Il n'y a pas de consigne pour moi, fit le prince avec un sourire.

— Mais vous ne pouvez pas y rester. — Dans toute autre circonstance, nous aurions été heureux de causer avec vous...

— Je comprends. Combien les circonstances sont solennelles, dit le prince avec le même sourire, et c'est bien pour cela que je me suis permis de vous aborder. Je crois, pour ma part, que les chances sont pour le maréchal Aubert.

— Nous ne pouvons pas causer de cette question avec vous, répondit le sénateur en réprimant un éclat de rire, mais je ne saurais vous laisser plus longtemps dans une si grave erreur. Sans doute, vous arrivez tout récemment à Paris et vous ne lisez pas les journaux, car, sans cela, vous sauriez que le maréchal Aubert n'est pas même sur les rangs.

— Oh ! il est vrai, fit le prince, que voulant m'instruire en voyageant, je ne lis pas les journaux, excepté pour regarder le programme des spectacles. Aussi, je pensais que la France se donnant un chef, elle prendrait son plus grand homme de guerre.

— Vous vous trompiez, prince ; je vous répète que le maréchal Aubert n'est pas sur les rangs.

— Vous avez raison, vous avez raison. La France ne se distingue pas en ce moment par ses hommes de guerre ; et il est bon qu'un pays s'appuie sur ses forces vives. Je suis sûr que vous allez nommer M. le duc de Vieux-Château.

— M. le duc de Vieux-Château, firent plusieurs membres du Congrès qui s'étaient rapprochés avec curiosité, mais nous n'avons pas de collègue de ce nom.

— Je ne sais si le duc a l'honneur d'appartenir à votre illustre Assemblée, reprit le prince, mais il porte le plus ancien nom du pays, c'est le plus grand de vos propriétaires terriens ; il est allié à toutes les familles régnantes d'Europe et je puis vous affirmer que c'est un gentilhomme accompli.

— Prince, répondit un député, nous ne sommes pas en Russie, ici on oublie la naissance pour ne s'attacher qu'au mérite.

— C'est juste, messieurs, excusez-moi. J'ai un peu de sang polonais dans les veines et je me souvenais des élections de ce pays. En France on n'aime que le mérite. Vous allez donc choisir votre grand savant Jacques Granchamp. C'est une gloire pure, s'il en fut. Dans ce siècle que la science a fait grand et riche, Granchamp est à la tête de la science ; ses découvertes ont, m'a-t-on dit, restitué à la France le triple de la valeur de l'indemnité que votre pays a dû payer à l'Allemagne.

— Mais, prince, y songez-vous? Nous ne pouvons confier à un chimiste le gouvernement de nos affaires. A chacun son métier.

— C'est très-vrai ! Je devine qui vous allez élire. C'est Lumen, cet écrivain illustre qui a enrichi votre littérature de si beaux ouvrages, qui a étudié le cœur

humain, qui en a scruté les passions et dévoilé les
plaies.

— Oh ! prince, un poète !

— Eh bien alors, Pradon, cet économiste profond
qui a sondé les douleurs du peuple et qui a essayé de
ravir au travail, au salaire, au capital ce qu'ils cachent
de formidables secrets.

— Oh ! prince, un utopiste !

— Je vois ce que vous voulez. Notre siècle est pratique. Il vous faut un homme d'affaires. Vous allez élire
le baron Mayer, ce financier de génie dont les millions
mènent le monde.

— Oh ! prince, un banquier ! »

Le prince demeura court ; il cherchait quelque illustration nouvelle, mais il avait passé en revue les généraux, les écrivains, les banquiers, les grands seigneurs.

« Vous oubliez les hommes d'Etat, prince, dit enfin
un sénateur. C'est parmi les hommes d'État qu'il faut
choisir un président de République. Et, grâce à Dieu,
nous ne manquons pas d'hommes d'État.

— Je suis confus de ma distraction, répliqua le prince ;
je devine que vous porterez votre choix sur le marquis
de Tourville, esprit éminent, homme d'expérience...

— Ce n'est pas possible, il a servi un gouvernement
déchu.

— Voilà une raison, vous le remplacerez par le
baron Perrier.

— Il s'est compromis dans une politique rétrograde.

— Alors M. de Cannova ?

— Il s'est jeté dans une politique avancée.

— Pourquoi pas l'ancien garde des sceaux Brissot ?

— Y pensez-vous, il appartient au groupe politique le plus nombreux ?

— Eh bien ! c'est parfait.

— Non, car ce groupe deviendrait trop important, si Brissot avait la présidence, et tous les petits groupes se ligueraient contre lui.

— Prenez l'ex-ministre Armand.

— Son groupe est trop restreint. Il n'arrivera jamais à réunir une majorité.

— Et Tissot ?

— Il n'est plus possible, Dumont l'abandonne.

— Et Dumont ?

— Il n'est plus possible, Tissot le trahit.

— Ma foi je ne vois plus personne.

— Vous vous trompez, nous avons trois concurrents : Godeau, Renaudin et Bénard.

— Je connais deux de ces noms ; Renaudin est un orateur.

— C'est là ce qui lui nuit. Il a si bien et si souvent parlé, que chacun peut trouver dans ses discours quelque chose de déplaisant. Nous écarterons Renaudin.

— J'ai ouï dire que Godeau avait du mérite ; il a écrit.

— Ses livres nous inquiètent ; l'opposition y cherchera des armes et on reprochera éternellement au président de ne pas conformer ses actes à ses écrits.

— Reste Bénard, je ne le connais pas.

— Comment le connaîtriez-vous ? Il n'écrit pas, il

ne parle pas, il n'agit pas. Mais c'est un homme considérable. Les électeurs l'ont nommé député parce qu'il n'a jamais rien fait et que nul n'a pu trouver un écrit, une parole ou un acte à lui reprocher. Les députés l'ont nommé vice-président pour la même raison, le gouvernement l'a fait ministre pour la même raison, et nous allons le nommer.président de la République pour la même raison.

— Je vous approuve, Bénard doit être un homme bien fort. N'avoir rien fait! quelle puissance! Chacun sait qu'en politique on arrive d'autant plus vite qu'on bouge moins. »

Il avait fait invasion dans l'hôtel du ministère, escorté
de sa femme et de ses enfants. Ce fut un grand jour.
Depuis qu'il avait quitté la vieille maison de la place
Marchande, il avait pris, dans une rue maussade d'un
quartier médiocre de Paris, un appartement qui se disait meublé. Là, économiquement, piteusement, on
tâchait de mesurer son appétit sur son indemnité ;
l'appétit était grand, l'indemnité petite.

Il fut ministre, tout changea.

Madame reçut dans de somptueux salons qu'on
n'abordait qu'en traversant de vastes antichambres
peuplées de garçons de bureaux déguisés en valets de
pied barbus. Monsieur donna des ordres à un personnel de jeunes vicomtes commandés par un chef de
cabinet qui tutoyait des actrices. Madame s'habilla
chez le couturier à la mode et alla chez l'ambassadeur. Monsieur eut un équipage à ses ordres. La
duchesse vint la première chez madame. Un prince du
sang se fit inscrire chez monsieur. Madame tenait le
premier rang dans les fêtes officielles ; à longue dis-

tance d'elle étaient rangées respectueusement toutes
ces grandes dames qui, hier encore, l'éclaboussaient du
haut de leurs calèches quand elle descendait d'omnibus.

Monsieur voyait les solliciteurs se morfondre à sa
porte, implorant une audience, une promesse, un
regard. Madame était de droit à la tête des œuvres de
charité; elle distribuait d'immenses aumônes et sa
bienveillance donnait l'espérance aux plus misérables.

Monsieur faisait d'un inconnu un puissant, en lui
conférant une place; d'un pauvre un riche, en passant
avec lui un marché. Le nom de madame était dans
toutes les bouches (Euphrasie Pitanchon de naissance). Les gazettes célébraient à l'envi ces syllabes
euphoniques; on disait sa beauté, sa grâce, sa noblesse;
dès qu'elle paraissait on chuchotait : « C'est la femme
du ministre » et cinquante ambitieux lui formaient
une cour. Monsieur était discuté; on le critiquait, on
l'insultait même. Mais le monde retentissait de son
nom. Un mot de lui négligemment dit à un ami troublait la Bourse et était commenté par les souverains circonspects. Le tzar disait à l'Empereur : « Le
ministre a laissé entendre..... » Madame, à l'heure des
épanchements, murmurait à l'oreille de son mari :
« Laisseras-tu Constantinople tomber entre les mains
des Russes ? » Et lui tendrement : « Jamais, mon
ange. »

Quelle féerie ! Un coup de tonnerre ! tout s'écroule !
La Chambre est de mauvaise humeur ! «Qu'ai-je fait?
s'écrie le malheureux. Qu'ai-je fait? »

Rien, pauvre homme. Tu as été « en minorité »

comme on dit dans l'argot de ton monde, sur la palpi-
tante question de savoir si l'on discuterait l'impôt des
sucres avant de discuter l'impôt du sel, et trente de
tes amis qui songeaient vaguement aux garçons de bureaux déguisés en valets de pied, à l'équipage, aux
jeunes vicomtes pris en domesticité et à l'entretien du
tzar avec l'Empereur ont voté contre toi. Tu t'étais
piqué au jeu, tu avais posé la question de cabinet. Te
voilà *ancien ministre*, pauvre homme !

Regarde, voilà un quart d'heure que la Chambre t'a
rejeté ; tu n'as pas encore rédigé ta démission. Vois, le
concierge du ministère caresse son chat sans lever les
yeux quand tu passes ; il a mis sa casquette sur son
bureau pour n'être pas obligé de te saluer. Et l'huissier ! combien en a-t-il vu de ces fantômes de ministres ! Quelle danse macabre ! Tu détournes les yeux pour
éviter son sourire. Et les vicomtes ! Ils sont tous partis
pour le bois. Seul, le jeune homme qui tutoie des
actrices et qui, tombant avec toi, ne pourra plus s'a-
dresser qu'aux figurantes, gît morne et désespéré sur
un fauteuil de ton cabinet.

Il faut t'en aller, pauvre homme. Allons, fais tes
paquets. Le domestique inamovible du ministère, que
se transmettent tous les ministres, va t'aider. Il est bon
ce garçon, qui est là pour les ministres vivants, de
servir un ministre défunt. Mais il veut cinquante francs,
tu les lui donneras. Allons, emballez tous les deux.
Madame est là qui surveille. Elle veut paraître gaie :
« Comme je vais être heureuse de rentrer dans mon
petit entre-sol de la rue Jacob ! Comme nous y serons
bien ! » Ses dents grincent et ses yeux sont tout

rouges. Le domestique du ministère en a vu bien d'autres ; il n'est pas ému, il veut ses cinquante francs et il n'a pas l'air de s'apercevoir du chagrin de madame. « Allons Félicie, aidez-moi. — Mais les robes neuves de madame ne tiendront pas dans les caisses. » C'est vrai ; on a amélioré sa garde-robe. Et on les jette dans des caisses neuves, ces pauvres belles robes, on les frappe, on les écrase ; misérables qui n'avez pas su sauver votre maîtresse !

Et maintenant, adieu au ministère. Ah ! nous oublions ; quoi donc ? l'armoire à glace ; on avait apporté l'armoire à glace !

Fouette cocher ; voici la rue Jacob. L'appartement semble plus triste qu'à l'ordinaire. Il est froid, humide, il sent le renfermé. La pendule est arrêtée. Monsieur et madame restent ensemble. Pas de dîner. Félicie est trop occupée. Allons au restaurant. « Non, dit monsieur, on pourrait me reconnaître. » On fera monter quelque chose d'une gargote voisine.

On sonne, ce sont des empressés ; quelques amis qui se disent : « Il peut revenir au pouvoir. » « Vous êtes tombé noblement. C'est une retraite digne. Les hommes comme vous ont leur revanche. » Cela console. Mais combien d'intimes manquent à l'appel !

Le soir est venu. Il semble qu'on étouffe dans ces petites pièces ; le plafond vous tombe sur la tête ; on songe aux grands salons de là-bas. Madame est agacée. Elle se met au piano. Les touches abandonnées grincent et les cordes ne sont pas d'accord. Elle ferme brusquement l'instrument et s'assied en tournant le dos à la lumière. Monsieur n'ose pas la regarder mais il l'entend ; madame pleure.

Alors il se lève et passe dans son cabinet. « Soyons homme, se dit-il, et examinons ma situation. » Il fait ses comptes. Il a été neuf mois ministre : total, 45,000 fr. d'appointements. En frais généraux, voitures, toilettes, dîners, il a dépensé 82,563 fr. 50 c., déficit, 37,563 fr. 50 c. Mais il lui reste un vaste portrait du chef de l'État.

Tu es un honnête homme, nous le savons, mon pauvre ancien ministre ; tu n'as pas volé l'État ; mais, toute ta vie durant, tes ennemis répéteront que tu t'es enrichi aux affaires, et tu n'achèteras pas un cigare, sans qu'on suspecte l'origine de tes quarante centimes. Tu vas emprunter pour solder tes 37,563 fr. 50 c.; voilà ton indemnité législative mangée pour quatre ans, et tu ne seras peut-être pas réélu ; tu n'as pas distribué assez de bureaux de tabac.

Ce qui te reste, c'est que tu es *ancien ministre.* C'est grandiose, mais gênant. Tu vas rentrer à la Chambre ; tu seras obscur, car il viendra un moment où tout député âgé de cinquante ans aura été une fois au moins ministre. Mais dans le monde, c'est autre chose. Tu ne peux pas déroger. Si tu es pauvre, tu ne dois accepter aucune place médiocre, tu es *ancien ministre.* Ne spécule pas, ne te livre ni à l'industrie, ni au commerce, tu es *ancien ministre.* Il t'est permis de plaider et d'écrire ; mais de plaider de gros procès et d'écrire dans de gros journaux. Si tu n'as à ta disposition ni gros procès, ni gros journaux, tais-toi, tu es *ancien ministre.*

Ancien ministre, et les petits jeunes gens qui débutent dans la vie, et qui ont encore des illusions, viendront à toi respectueusement, car on leur a dit : « C'est un *ancien ministre*. » Et ils t'interrogeront avec déférence sur les hommes et sur les choses, et tu répondras comme tu sais répondre, simplement, avec bon sens et sans exciter leur admiration. De sorte qu'ils s'en iront désappointés, et qu'au lieu de dire : « C'est un brave homme, » comme ils eussent fait pour un autre, ils diront : « Quel imbécile ! » Et, résultat plus terrible, leur entendement en sera troublé, et leur ambition développée à l'excès, car ils penseront : « S'il a pu être ministre, pourquoi ne serions-nous pas ministres aussi ! »

Et pourtant tu seras fier de ce titre qui te rappellera tes splendeurs. Va vite chez ton papetier, et commande-lui des milliers de cartes : « X..., *ancien ministre.* » On se les disputera dans ta province, et la femme du percepteur les insinuera en évidence sous le cadre de sa glace. C'est une épitaphe ambulante que tu porteras dans ta poche, pauvre mort vivant. C'est aussi une consolation. Tu as vu l'Éden ; il se rouvrira peut-être pour toi. Vis dans cette espérance et dans le souvenir. Il vaudrait mieux planter des choux ; mais tout le monde n'en est pas digne.

Et dire qu'il y a en France une centaine d'anciens ministres comme celui-là !

On prétend qu'ils sont mille en Espagne ; le bataillon des inconsolables.

TROISIÈME PARTIE

QUELQUES PHYSIONOMIES

POLITICIÉNS DIPLOMATIQUES

AU CLUB.

Dans la capitale de l'empire de X..., le Cercle de la
noblesse est en grand émoi. Jamais autant de membres
ne s'y sont trouvés réunis à la fois. Le feld-maréchal,
qui n'était pas venu depuis dix ans, a fait tout à l'heure
une entrée à sensation; et, assis là-bas dans un coin
du salon rouge, le chancelier cause avec deux des
principaux ministres. La plupart des ambassadeurs
sont présents; mais ils gardent une attitude expec-
tante. Ils se sont réfugiés dans le salon de lecture et
cachent leur sentiment en lisant fort attentivement le
Times ou le *Daily Telegraph*. C'est qu'ils doivent être
fort embarrassés, les ambassadeurs. On va ce soir
procéder au vote sur l'élection, comme membre du

cercle, de **M.** Blondeau, ambassadeur de la République française, et il s'est formé une terrible cabale contre **M.** Blondeau.

M. Blondeau est accrédité depuis trois semaines, et sa nomination a fait émotion. Il remplaçait le général B .. qui représentait la France depuis six ans, et qui s'était concilié de grandes sympathies. Un jour on annonça que le général était rappelé, et que **M.** Blondeau le remplaçait.

M. Blondeau? Qu'était-ce que **M.** Blondeau? En France, chacun connaît **M.** Blondeau qui fut deux fois ministre, trois fois président de la gauche républicaine, et qui fit deux rapports célèbres sur le budget des cultes et sur la réforme de la magistrature. Mais à l'étranger, ces gloires-là s'éclipsent. De sorte que le nom de **M.** Blondeau fut accueilli avec étonnement. Les secrétaires de l'ambassade donnèrent des renseignements. Ils étaient prudents, les secrétaires de l'ambassade. Ils savaient qu'ils allaient vivre sous les ordres de **M.** Blondeau. Et pourtant, quand ils parlaient du nouvel ambassadeur, ils prenaient un ton sérieux qui ne dénotait pas un enthousiasme excessif.

« **M.** Blondeau est un ancien ministre, répondaient-ils.

— Mais quelle est sa famille?

— Il a présidé la gauche républicaine.

— Sa profession?

— Il a fait le rapport sur le budget des cultes.

— Sa fortune?

— Il a voté pour l'élection des magistrats par les justiciables. »

Impossible de savoir autre chose. On attendait l'arrivée de M. Blondeau.

Tout le personnel de l'ambassade se rendit à la gare au jour dit et vit descendre de wagon un gros homme portant redingote noire et cravate blanche, le chef orné d'un large chapeau de paille.

« Je vous salue, mes amis, dit le gros homme aux secrétaires, vous vous êtes dérangés pour moi, vraiment ce n'était pas la peine. Allons vivement; au dîner, je meurs de faim. »

L'ambassadeur monta en voiture avec le premier secrétaire.

« Quoi de neuf ici? dit-il, rien; tant pis. Il faut que ça marche. Le roi va bien? c'est parfait. Et la reine? a-t-elle toujours un amant? non; tant pis. Il faut que ça marche. Et le peuple? tranquille; tant pis, tant pis. Il faut que ça marche. Nous allons remuer un peu tout ça. »

L'ambassadeur dîna copieusement.

« Que ferons-nous pour passer la soirée? dit-il, où est le cercle? »

Le secrétaire courut au cercle de la noblesse et obtint facilement pour l'ambassadeur une carte d'étranger valable pendant trois semaines.

L'ambassadeur se rendit au cercle, où l'on fut fort étonné de le voir arriver avant même qu'il eût été reçu par le souverain.

Le secrétaire présenta à l'ambassadeur les membres les plus distingués.

« Le prince de Wergheim, monsieur l'ambassadeur.

— Très-heureux, prince, très-heureux de vous voir. Comment se porte Mme la princesse?

— Je ne suis pas marié, monsieur l'ambassadeur.

— C'est fâcheux, du reste je ne le suis pas non plus. Mais j'étais si occupé dans ma jeunesse, tandis que vous...

— S. A. R. le grand-duc de Saxe-Wisbourg.

— Altesse, mes hommages. La prospérité règne, m'a-t-on dit, dans le duché de Saxe-Wisbourg.

— Je l'espère, mais je n'en suis pas sûr. Le duché ayant été annexé à l'Allemagne.

— Le baron de Fitzel, conseiller intime.

— Les questions religieuses sont bien ardues chez vous, monsieur le baron, il faut de la fermeté et de la modération.

— Mais nous ne nous apercevons pas de ces difficultés en Russie.

— Pardonnez-moi, je croyais parler à un Allemand.

— Le comte de Villerville.

— Un compatriote ; enchanté de vous serrer la main.

— Un compatriote, pas tout à fait, ma famille a quitté la France lors de la révocation de l'édit de Nantes. »

Cela dura toute la soirée. M. l'ambassadeur ne connaissait rien de la société aristocratique parmi laquelle il allait vivre. Il ignorait les nationalités, les alliances, les parentés. Il brouillait les noms, confondait les titres. Mais il n'en paraissait nullement embarrassé et s'en allait de l'un à l'autre multipliant les erreurs avec une désinvolture merveilleuse.

« Ne connaissez-vous pas M. Rupper? demanda-t-il

au duc de Furtenstein. Je voudrais bien savoir s'il habite encore la ville.

— M. Rupper ? je ne le connais pas, répondit le duc.

— Comment, vous ne connaissez pas M. Rupper, qui écrit dans le journal *Le Peuple.*

— Je ne lis jamais ce journal, repartit le duc, qui tourna le dos à l'ambassadeur.

— Vous avez tort, vous avez tort, lui cria M. Blondeau, c'est un journal bien fait et soucieux des vrais principes. Ne le trouvez-vous pas, messieurs, ajouta-t-il en se tournant vers le baron de Fitzel et un autre membre du cercle ?

— Nous l'ignorons, monsieur l'ambassadeur, ne le lisant jamais.

— C'est étrange, étrange. Tenez, je vais vous montrer un article sur le suffrage universel. »

Et M. Blondeau se dirigea vers le salon de lecture pour chercher le journal. Son premier secrétaire l'arrêta.

« Monsieur l'ambassadeur, on ne reçoit pas *Le Peuple* au cercle de la noblesse.

— On ne le reçoit pas ! Qu'est-ce qu'ils lisent donc ? L'almanach de Gotha ?

— Quelquefois, fit le duc de Saxe-Wisbourg ; cette lecture est souvent utile. »

Plusieurs membres se mirent à rire.

M. Blondeau ne comprit pas et continua : « Rupper a bien du talent ; il est fort estimé chez nous. J'ai dîné avec lui chez le président de l'extrême gauche. Il nous a tous charmés. C'est un républicain sincère. Ah ! pardon, messieurs, vous n'êtes pas encore républicains

dans ce pays. Mais vous comprenez, je suis l'ambassadeur d'une république et je conserve mes préférences.

— Nous ne pouvons y trouver à redire, répondirent
les interlocuteurs de M. Blondeau.

— Ah ! je vois que vous êtes des hommes tolérants
et qu'on peut causer avec vous.

— Vraiment !

— Vous n'en êtes pas encore à la république, cette
forme perfectionnée de gouvernement. Il faut du temps
pour s'élever jusque-là. Mais des esprits supérieurs
la conçoivent déjà chez vous. Vous avez Rupper, Sel-
bine, Iram, Terranyi...

— Pardon, interrompit M. de Villerville, nous *avons*
Terranyi, il a été condamné au bannissement.

— Que dites-vous, Terranyi, l'ami intime de notre
ministre des affaires étrangères ! C'est épouvantable ! un
pionnier de la civilisation.

— La justice a prononcé, monsieur l'ambassadeur.

— Ah ! j'en suis atterré. Ce bon, ce brave Terranyi.
Moi qui comptais le voir souvent. Il a des enfants
charmants, une femme instruite et distinguée qui écrit
des romans.

— Nous n'avons pas l'honneur de connaître Mme Terranyi.

— Quoi ! vous ne l'avez pas entendue dire des vers
dans le monde ?

— Nous ne l'y avons jamais rencontrée. Ici elle n'est
pas reçue.

— Pas reçue ! Mais à Paris elle voyait la meilleure
société. Elle allait dans tous les ministères, chez les

sous-secrétaires d'État et chez M. Jules Tribou, l'aca-
démicien ; dans le meilleur monde enfin.

— Voyez-vous, monsieur l'ambassadeur, ici, dans ce
pays arriéré, nous avons nos usages.

— Et Mme Mostroff? Voilà une femme supérieure,
elle aussi.

— Mme Mostroff?

— La femme du docteur positiviste, du chef de   la
secte des panthéistes.

— Très-bien, le docteur qu'on a enfermé dans une
maison de santé.

— Ils ont enfermé Mostroff! Infamie !

— Sa théorie consistait à combattre le préjugé des
vêtements.

— Pauvre Mostroff! Qu'est devenue sa fille, est-elle
mariée?

— Nous l'ignorons ; mais nous voyons avec plaisir,
monsieur l'ambassadeur, que beaucoup de nos compatriotes vous sont connus. Nous avions craint tout
d'abord d'être ignorés de vous, dit le prince de Wergheim , mais maintenant nous savons qu'il n'en est
rien.

— Oh ! je connais tous les gens de mérite dans tous
les pays.

— C'est aimable pour moi, qu'il prenait pour un
Allemand, observa à voix basse le baron de Fitzel.

— Et pour moi, qu'il croyait Français, dit Villerville. »

M. Blondeau sortit du club indigné. Il prit le bras
de son secrétaire.

« Quelle société stupide et ignorante que celle des

monarchistes ! Ils ne savent rien, ces ducs et ces princes. Ils ignorent tout ce qui concerne leurs grands hommes. Mais je les ai remis à leur place. Tant pis, il faut que ça marche. N'oubliez pas de me faire savoir l'adresse de Rupper. »

Les jours suivants M. Blondeau présenta ses lettres de créance. Il fit et reçut des visites officielles. Il envoya chercher M. Rupper, M. Iram et Mme Terranyi. Mais malgré ces occupations nombreuses, il ne négligea pas le cercle de la noblesse. Là du moins il trouvait, ce que ne lui offraient pas les visites officielles, des occasions de se mêler à la haute aristocratie du pays. Chez les ministres, chez les fonctionnaires, à la cour, on échangeait avec lui de banales formules de politesse ; au club, il pouvait discuter avec les plus grands seigneurs, et il n'y manquait pas. De sorte qu'il faisait deux parts de son temps. Le matin il recevait Rupper, Iram, et leurs amis ; le soir il s'entretenait avec le duc de Saxe et le prince de Wergheim. Et, chose admirable, M. Blondeau constatait qu'il avait un succès égal auprès de ces personnages si divers.

Chaque jour, les amis de Rupper se multipliaient à l'ambassade. Ce n'était plus isolément qu'ils venaient. Ils arrivaient par groupe, par bande, par attroupement. Tous les journalistes de l'opposition, tous les étudiants, tous les poètes, tous les avocats affluaient, sans compter les brasseurs éminents, les commerçants notables de la grande rue et les délégations ouvrières.

M. Blondeau les recevait tous ; il leur témoignait ses sympathies. Il leur disait qu'il ne pouvait pas tout leur dire, que la réserve, dont ses fonctions étaient inséparables, devait être approuvée par eux, mais que les peuples étaient frères, comme les rois; que la France était l'alliée de tous les opprimés, qu'il était accrédité aussi bien auprès des petits qu'auprès des grands, qu'il représentait les idées de l'immortelle révolution.

Et alors le tapage commençait. On acclamait M. Blondéau; on lui serrait les mains; on voulait le porter en triomphe. On criait : « Vive la France, vive la nation sœur. »·

Et M. Blondeau dictait au premier secrétaire un rapport éloquent et confidentiel.

« Le peuple nous aime; il partage nos idées. Les chefs de la démocratie, Rupper et Iram, sont nos alliés. Nous avons tout à espérer de ce pays. L'opinion publique obligerait le gouvernement, s'il en était besoin, à nous donner son appui. »

Le soir, M. Blondeau allait au cercle et il causait avec le prince et le grand-duc : « Quel bel avenir! disait-il. Alliance des peuples; fraternité universelle; la République partout, les États-Unis d'Europe. Beau rêve, qui chaque jour ressemble davantage à une réalité. Mais République conservatrice, laissant à tous leurs droits et leurs prérogatives, République respec-tueuse des aristocraties, ces nobles débris. Le jour viendra où les rois descendront de leur trône, un rameau d'olivier à la main et diront aux peuples : « La paix soit avec vous! Recevez-nous dans vos rangs. » Ça marchera, il faut que ça marche.

— Cela viendra peut-être, répondait le prince.

9

— On a vu des choses si étranges, observait le grand-duc, qui soupirait en songeant à son duché.

— Et le peuple répondra : « Je t'admets, ô mon roi ! tiens, prends ce rabot », faisait Villerville.

— Vous allez trop loin, mon cher comte, ripostait l'ambassadeur. Non, les rois ne prendront pas le rabot. Le peuple enthousiasmé leur offrira un siége à la Chambre haute. Car je suis partisan de la dualité des Chambres. Et vous aussi, je pense ?

— Moi, si l'on en a une, peu m'importe qu'on en ait autant qu'on voudra. »

Et M. Blondeau adressait un second rapport à son gouvernement : « L'aristocratie de ce pays devient de jour en jour plus éclairée. Je sers de trait d'union entre les diverses classes. Acclamé le matin par la démocratie, je suis reçu avec honneur le soir par la plus haute noblesse. Nos principes, que j'expose de mon mieux devant les aristocrates les plus acharnés, sont extrêmement goûtés. Un prince de race souveraine, le grand-duc de Saxe-Wisbourg acquiesce toujours à mes discours. Je crois que nous pouvons nous attendre à de grands événements ; la sympathie des classes élevées est pour nous le gage d'une alliance prochaine et formelle. »

Quant au gouvernement, M. Blondeau avait avec lui les rapports officiels les meilleurs. Le gouvernement ne se départissait pas, il est vrai, d'une grande réserve ; mais M. Blondeau était sûr de l'opinion publique et cela lui suffisait. Il disait parfois au premier secrétaire : « Je suis maintenant plus fort que le gouvernement de l'Empire ; s'il hésitait à s'allier avec notre jeune République,

je lui ferais forcer la main par le peuple et par l'aristocratie. »

Cependant, trois semaines s'étaient écoulées depuis
l'arrivée de l'ambassadeur, et le premier secrétaire pré-
vint son chef que les membres du cercle allaient procéder à une élection régulière.

— Une élection? dit M. Blondeau, pourquoi faire?
N'ai-je pas entrée partout en ma qualité d'ambassadeur?

— Dans tous les salons officiels, sans doute; mais
pas au cercle. Du reste, vous n'avez qu'à vous présenter pour être admis.

— Présentez-moi donc.

Et voilà pourquoi le cercle de la noblesse est en
émoi. M. Blondeau a si fort péroré, a lancé tant de tirades et fourni tant de périodes qu'il a révolutionné le
club. Chacun se plaint : l'un trouve cet inconnu familier; l'autre s'indigne de voir des théories détestables
se produire dans un milieu raisonnable jusque-là. Le
grand duc qui croyait que la spoliation dont il a été l'objet avait indigné le monde, reste furieux de l'ignorance
de l'ambassadeur au sujet du grand-duché de Saxe-
Wisbourg. Enfin chacun glose sur M. Blondeau : son
origine, son passé, sa tenue, son costume, tout a été
scruté, critiqué et condamné.

Mais les gens sérieux et pacifiques interviennent :
« C'est un fait grave que de repousser du premier cercle de la ville l'ambassadeur d'une grande nation. Sans
doute, nous sommes libres; mais le chancelier qui veut
avant tout ménager les susceptibilités, ne verra pas
d'un bon œil un acte aussi brutal, et le chancelier a

grande influence sur l'empereur. Mécontenter l'empereur, c'est audacieux. Sans doute, M. Blondeau est insupportable; mais en le tenant un peu à distance, on lui rendrait peut-être le séjour du club moins agréable et il n'y viendrait que rarement. Enfin il y a là une question de patriotisme. Pour l'amour du bien public, il faut admettre M. Blondeau. »

Le club est donc divisé en deux partis très-ardents qui soutiennent leur opinion avec violence. Tout à coup M. Blondeau apparaît. L'élection aura lieu dans la soirée, et M. Blondeau tient à remercier d'avance les membres du club de l'accueil enthousiaste qu'ils vont faire à sa candidature.

« Enfin, dit-il en entrant, ce soir je serai tout à fait des vôtres, altesse; et vous, mon cher duc, nous voici collègues, au cercle, s'entend, car tout le monde ne peut pas être ambassadeur. »

On ne répond rien; M. Blondeau ne s'en aperçoit pas. Il prend Villerville par le bras, et il l'entraîne dans un salon voisin pour lui parler de la loi sur les rapports des pouvoirs publics qu'on discute en France.

« Mais il y a quatre-vingts ans qu'on la discute chez vous, cette loi, dit Villerville; et pendant que les pouvoirs publics règlent leurs rapports, on les met périodiquement à la porte. »

M. Blondeau continue ses explications, et voilà déjà une demi-heure qu'il s'escrime sur les devoirs du président de la République, quand un grand bruit se fait entendre dans la rue.

Des cris retentissent; une fanfare joue la *Marseillaise*, et au milieu des hurrahs répétés, on entend ces mots : « Vive M. Blondeau ! Vive l'ami du peuple ! Vive le grand citoyen ! »

Les membres du club s'élancent sur le balcon. Dans la rue, la foule est énorme. On crie : « Blondeau ! Blondeau ! nous voulons Blondeau ! »

Ce sont les étudiants de l'Université qui, musique et bannière en tête, ont été à l'ambassade faire une manifestation en l'honneur du populaire ambassadeur de France. On leur a dit que M. l'ambassadeur était au cercle de la noblesse, et ils s'y sont rendus, heureux à la fois d'être agréables à M. Blondeau et désagréables aux membres du club.

Aussi crient-ils en même temps que vive Blondeau : « A bas les nobles ! »

Les membres du club sont furieux. « Que fait donc M. le ministre de la police ? s'écrie le grand-duc. Nous sommes insultés, bafoués ; c'est intolérable. »

Tout à coup les cris redoublent ; M. Blondeau s'est montré à une fenêtre ; puis un silence profond s'établit. M. Blondeau va haranguer le peuple :

« L'expression de vos sentiments m'émeut plus que je ne saurais vous le dire. Ambassadeur de la République française, je suis en même temps citoyen du monde entier. Comme ambassadeur, je vous dis : « Amis, je » vous remercie ; » comme citoyen, je vous dis : « Amis, » espérez. » Espérez ! Mais qu'espérer ? Comme ambassadeur, il m'est interdit de vous l'expliquer ; comme citoyen, je pourrais le proclamer tout haut. L'ambassadeur et le citoyen se complètent sans se contredire. Le citoyen et l'ambassadeur..... »

Des cris horribles interrompent l'orateur. C'est la
police qui fait irruption. On saisit vingt curieux ; le
reste de la bande se disperse.

« Arrêtez! crie M. Blondeau, ne troublez pas cette
manifestation de concorde et de fraternité. »

Mais en un clin d'œil la place s'est vidée. M. Blondeau quitte la fenêtre.

« Je me plaindrai au chancelier, dit-il. Me faire interrompre par ces mouchards! »

Mouchards ! M. l'ambassadeur a dit « mouchards. »
C'est qu'il n'aime pas la police, M. l'ambassadeur. Il
eut jadis plus d'une fois maille à partir avec elle, et il
conserve religieusement une redingote marron dont le
collet fut déchiré par un sergent de ville, en un jour
de bagarre.

Les membres du cercle sont en proie à une exaspé-
ration extraordinaire. On laisse M. Blondeau à ses colères et des groupes se forment dans les salons, comme
si l'émeute avait gagné le club. Les adversaires de la
candidature Blondeau triomphent. Comment admettre
un membre qui transforme les fenêtres de la salle de
billard en une tribune publique? Le résultat n'est plus
douteux, M. Blondeau ne sera pas admis.

Le premier secrétaire comprend le péril ; il prend
à part l'ambassadeur dont l'agitation ne s'est pas
calmée.

« Monsieur l'ambassadeur, lui dit-il, je vais vous
prévenir d'un incident très-grave. Vous avez ici des
ennemis.

— Quels ennemis? les gens de la police.

— Non, d'autres ennemis qui profitent de ce qui

vient de se passer pour battre en brèche votre candidature.

— Comment cela?

— Ils disent que la tranquillité du cercle est troublée par l'enthousiasme que vous témoigne le peuple. Il n'y a là rien que de très-flatteur pour vous, mais cela pourrait nuire à votre élection.

— A mon élection? Sachez, monsieur, qu'un ambassadeur de France fait un grand honneur à ceux dont il demande les suffrages.

— Je le sais, mais il y a des gens si impertinents. Enfin, monsieur l'ambassadeur, je crains pour vous un échec.

— Vous plaisantez, monsieur. Un échec! Mais j'en référerais à mon gouvernement qui interviendrait pour faire respecter ma dignité.

— Peut-être serait-il sage de retirer votre candidature?

— Jamais, monsieur, jamais, je ne céderai pas. »

Monsieur l'ambassadeur eut tort de ne pas céder. A neuf heures du soir le premier secrétaire entrait d'un air morne dans le cabinet de M. Blondeau.

« La cabale a triomphé.

— Je ne suis pas nommé !

— Hélas, non !

— Télégraphiez au ministre des affaires étrangères.

— Je viens justement d'en recevoir une dépêche.

— Donnez. »

La dépêche était ainsi conçue : « La manifestation qui s'est produite aujourd'hui devant le club de la noblesse a vivement irrité le gouvernement auprès du-

quel vous êtes accrédité. Nous craignons les complica-
tions les plus graves. Une note menaçante vient de
nous être remise à ce sujet par l'ambassadeur de
l'Empire de X***. »

« Cela ne saurait se passer ainsi, s'écria M. Blondeau. Appelez M. de Verneuil, notre nouvel attaché ; je
veux lui dicter un rapport sur toute cette affaire.

— M. de Verneuil n'est pas à l'ambassade.

— Où est-il donc ?

— Il vient de sortir.

— Où est-il allé ?

— Mais je ne sais si je dois...

— Dites, monsieur, je vous l'ordonne.

— Il est allé au cercle de la noblesse dont il vient
d'être nommé membre à l'unanimité. »

LE GÉNÉRAL PLUME-AU-CLAIR.

Le général Plume-au-Clair est au comble de ses vœux, on l'a fait ministre de la guerre.

Il sortait à peine de l'école, que ce brillant avenir lui avait été prédit. En ce temps-là déjà on s'empressait autour des généraux en faveur, et les jeunes officiers, pourvus de solides protections, cherchaient à se rapprocher des heureux du jour. La France gagnait alors des batailles. Il y avait de brillants guerroyeurs auxquels le public faisait fête et qu'on acclamait quand ils traversaient les villes au milieu de leur état-major. C'était d'eux que venaient toute gloire et toute espérance. Aussi il semblait qu'en passant seulement dans leur ombre on fût entraîné avec eux vers les sommets. Plume-au-Clair ne regarda même pas du côté de ces glorieux. Il avisa un vieux général grognon, podagre, mécontent, qui pestait contre les hommes et les choses et se fit son familier. Chaque soir il s'entretenait, deux heures durant, avec le podagre qui déblatérait contre ses heureux rivaux. De ces conversations répétées pendant six mois, il naquit tout à coup un opuscule intitulé : *Comment il aurait fallu prendre Constantine.*

Constantine était prise et ce succès avait vivement enthousiasmé la foule ; mais, d'autre part, les généraux qui n'étaient pas encore pourvus de commandements en Algérie voyaient avec jalousie les grandes réputations militaires qui se faisaient de l'autre côté de la Méditerranée, de sorte que le public s'étonna et que les généraux prêtèrent l'oreille quand l'opuscule parut. Le public disait : « Mais enfin, puisqu'on a pris Constantine, peu importe comment cela s'est fait. » Les généraux pensaient : « Il y a eu dans tous ces succès plus de chance que d'habileté. » On lut donc l'opuscule de Plume-au-Clair, que des indiscrétions volontaires désignaient comme l'auteur du pamphlet. Plume-au-Clair démontrait péremptoirement qu'on eût pu prendre la ville avec moins de pertes, et porter beaucoup plus loin la domination française. Du reste, le tout était dit avec une grande courtoisie au milieu de formules très-laudatives pour les heureux vainqueurs et non sans une certaine compétence.

Trois jours après l'apparition de l'opuscule, le vieux général podagre et grognon dit à Plume-au-Clair : « Vous irez loin, mon jeune ami ; vous avez l'esprit de discernement. » Le vieux général admirait en effet ses propres idées dans l'œuvre de son jeune protégé.

On signala cet écrivain militaire à ses chefs qui n'avaient pas été mécontents de voir discuter la gloire de certains émules. L'épaulette de lieutenant ne se fit pas

longtemps attendre pour Plume-au-Clair ; on l'attacha en même temps aux bureaux du ministère de la
guerre et on lui confia incontinent des travaux à faire
sur les questions algériennes.

Juste à la veille d'un changement de cabinet, Plume-
au-Clair rédigea un rapport qui signalait de graves
abus dans l'administration de la colonie. Le nouveau
ministre en fut charmé. Il y trouva l'occasion d'une
attaque violente, à la Chambre, contre ses prédécesseurs, et le lieutenant Plume-au-Clair devint capitaine.

Vint la Révolution de 1848 ; c'est alors que fut publié le fameux livre de Plume-au-Clair intitulé : *Comment on eût pu conquérir l'Algérie*, livre qui fut suivi
d'une violente polémique dans les journaux. Plume-
au-Clair ne prenait du reste aucune attitude politique.
Il ne se disait ni républicain ni monarchiste ; mais,
comme il fournissait à la république des armes contre
la monarchie, la république se montra reconnaissante
et Plume-au-Clair devint commandant.

Ce fut après la guerre de Crimée, qu'on lui donna le
grade de lieutenant-colonel. On ne songeait guère à
l'envoyer au feu ; ses talents d'écrivain étaient trop
appréciés dans les bureaux. Mais quand la paix fut
conclue, il dut quitter son poste. En effet, il publia
une critique acerbe des opérations militaires, sous ce
titre : *Comment on aurait dû prendre Malakoff*.
L'ouvrage fit du bruit. Le ministre le lut et dit :
« Évidemment, l'auteur ne peut rester au ministère ;
mais c'est un esprit distingué, il faut lui donner de l'a-
vancement. » Plume-au-Clair fut lieutenant-colonel ;

et deux ans après, ayant publié une suite à *Comment
on aurait dû prendre Malakoff*, sous le titre de
Pourquoi n'a-t-on pas pris Sébastopol? il fut présenté
au chef de l'État qui causa longtemps avec lui, et le
nomma colonel.

Pendant la guerre d'Italie, Plume-au Clair fut attaché à l'état-major général. Il allait partir pour l'armée, quand on signa la paix. Deux mois plus tard paraissait une étude tactique très-étendue, intitulée :
Comment il aurait fallu gagner la bataille de Solférino.
Plume-au-Clair en devint général.

En 1870, il fut de la première capitulation et oc-
cupa les loisirs de la captivité à écrire son célèbre ou -
vrage en quatre volumes : *Comment on eût pu battre
l'Allemagne.* Plume-au-Clair ne pouvait échapper à
son sort. Il était destiné à présider à la réorganisation
de l'armée ; Plume-au-Clair fut général de division et
ministre de la guerre. L'opinion publique s'en réjouit.
Un homme qui avait si bien révélé les côtés faibles de
tout ce qu'on avait tenté jusque-là, devait évidemment
imprimer à l'art militaire un merveilleux élan. Plume -
au-Clair ne perdit pas de temps et dès le premier jour
il lança trois circulaires, puis il prépara deux projets
de loi. La journée avait été bien remplie. Le lendemain,
nouvelles circulaires et nouveaux projets de lois.
Plume-au-Clair montrait une activité dévorante. Le
troisième jour, il y avait déjà trois millions de citoyens astreints au service militaire, et des instructions
avaient déjà redressé la plupart des abus qui déshono-
raient l'armée. Ainsi les soldats croupissaient jusque-là
dans l'ignorance. Plume-au-Clair décida qu'on leur

enseignerait simultanément la lecture, l'écriture, l'a-
rithmétique, l'histoire, les mathématiques, la botanique,
l'astronomie et beaucoup d'autres choses encore. Les
sous-officiers s'étaient accoutumés à servir la patrie pour
des motifs misérables. On en voyait qui avaient la bas-
sesse de vendre leur sang, et de proposer à des fils de
famille peu soucieux de la gloire, de porter les armes à
leur place, moyennant un salaire. Plume-au-Clair décida qu'on supprimerait ce trafic infâme et que, désormais, l'amour seul du drapeau maintiendrait les sous-
officiers au service. Quant aux officiers qui se livraient
aux douceurs de l'oisiveté, Plume-au-Clair ordonna
qu'ils seraient astreints à des travaux continuels, à des
examens fréquents, et que les bénédictins de légendaire
mémoire seraient dépassés par le moindre capitaine.
Enfin, les officiers supérieurs furent prévenus qu'ils
auraient à mettre leurs troupes sur pied au premier
jour et que de gigantesques manœuvres, image exacte
de la guerre, habitueraient désormais les soldats et les
chefs aux fatigues et au danger.

Toutes ces mesures excitèrent un grand enthousiasme. Les Chambres votèrent par acclamation les lois
proposées. Un fàcheux ayant osé dire que de telles
modifications seraient coûteuses, Plume-au-Clair répondit que rien ne devait paraître coûteux à celui qui
avait l'espérance de verser son sang pour la patrie.
Plume-au-Clair fut acclamé tandis qu'on conspuait le
fàcheux.

Plume-au-Clair put donc réunir des multitudes. Ce
fut un beau spectacle. Les villes et les campagnes se
dépeuplaient au profit des champs de manœuvres.

Partout la solitude; mais au camp quelle animation !
Des bandes immenses d'ouvriers et de paysans manœu-
vraient sans ensemble, mais avec conviction. Plume-
au-Clair n'avait pu ni les habiller ni les armer ; mais
les soldats portaient une cocarde et un bâton, ce qui
suffisait à leur donner l'air martial. C'était l'armée de
l'avenir et quand Plume-au-Clair la passait en revue, il
avait un pleur d'attendrissement comme s'il eût regardé
son propre enfant.

Par exemple, les ateliers chômaient, les travaux de
la campagne étaient en retard. Les patrons embau-
chaient des étrangers qui n'étaient pas exposés à ce
qu'on les arrachât tout d'un coup à leurs occupations ;
mais Plume-au-Clair faisait des additions formidables
et lançait des circulaires toutes pleines d'intermina-
bles énumérations.

Ce qui causait aussi à Plume-au-Clair un sensible
plaisir, c'est que la vieille armée, tout imbue de pré-
jugés et de routine, disparaissait peu à peu. Les anciens
soldats, mal pénétrés du pur patriotisme et trouvant le
métier plus pénible, se hâtaient de rentrer dans leurs
foyers, dès que leur libération arrivait. Les sous-officiers les suivaient. Les uns et les autres eussent peut-
être été disposés à rester au service s'ils avaient pu
recevoir comme autrefois l'argent des fils de famille.
Mais Plume-au-Clair avait nettoyé les casernes d'Au-
gias au point même qu'il les avait vidées. Les officiers
dont Plume-au-Clair avait jadis si bien attaqué les
mauvais procédés de victoire se fatiguaient d'un travail
exagéré, ils apprenaient tant de choses qu'ils en ou-
bliaient leur métier. Pour commander ses innombra-

bles recrues, Plume-au-Clair faisait des appels inutiles
aux hommes de bonne volonté et offrait vainement
l'épaulette. Il était satisfait cependant; du moins les
soldats qu'il enverrait contre l'ennemi n'auraient
point une mauvaise instruction militaire (n'en possédant plus aucune) et ne garderaient point l'habitude
déplorable de cette ancienne méthode que Plume-au-
Clair avait si bien condamnée.

Plume-au-Clair triomphait, quand il se produisit un
incident extraordinaire qu'il n'avait pas pu prévoir.
L'ennemi contre lequel tous ces efforts étaient dirigés
attendait un moment précis : celui où l'armée de la
routine étant détruite, l'armée de l'avenir ne serait pas
encore en pleine possession de ses moyens. Le moment
venu, l'ennemi n'eut pas honte de se présenter à l'im-
proviste.

Plume-au-Clair pris au dépourvu se montra de fort
mauvaise humeur. Il déclara qu'il avait été surpris en
flagrant délit de réorganisation et que cela ne comp-
tait pas. Il avait raison, mais cela coûta cher au pays.
Quant à Plume-au-Clair, il fit à ce sujet son dernier et
son plus bel ouvrage; celui qui le mènera à l'immortalité !

*Comment j'aurais battu l'ennemi.... six mois plus
tard.*

RENTRONS AU QUARTIER.

Pas de politique dans l'armée ! — Un grand principe que celui-là. Le soldat ne doit rien savoir des

choses publiques, l'officier pas davantage ; le général encore moins. S'il savait quoi que ce soit, il aurait plus de tentations à subir. Le général n'obéit ni à un roi, ni à un président de la république, il obéit à l'ordre timbré du ministre de la guerre, quel que soit ce ministre, c'est-à-dire, qu'il obéit au timbre du minis·tère de la guerre.

« Mon général, voici l'ordre.

— Porte-t-il le timbre ?

— Oui, mon général.

— C'est bien, je vais l'exécuter. »

Admirable abnégation, obéissance sublime, mais qui présente des inconvénients !

Le général est pénétré de la doctrine de la soumission absolue ; il ne sait rien ; il ne veut rien savoir. Il a ouï dire qu'il y avait un gouvernement ; il s'est même présenté chez le chef de l'État ; il est allé aux réceptions du ministre, un vieux camarade. Mais de la politique il ignore tout. Il ne lit son journal qu'à partir des faits divers.

Hier soir un ordre timbré du ministre de la guerre est venu le surprendre : « Vous vous porterez avec votre division, lui dit-on, au centre de Paris. Vous occu-perez les Champs-Élysées, l'Élysée, les Tuileries, le quartier de la Madeleine et les hauteurs du Trocadéro. »

Le général est méticuleux et soupçonneux en diable. Ce n'est pas lui qu'on tromperait. Il a examiné minutieusement l'ordre ; le timbre y est apposé ; c'est un officier d'ordonnance du ministre qui a porté le message.

Le général fait prévenir ses colonels, puis il se met en

grande tenue et se rend de sa personne sur la place de la Concorde, où il établira son quartier général.

La femme du général est inquiète.

« De quoi s'agit-il, mon ami ? Je tremble, Paris est très-agité. — Il y a eu des troubles hier soir. — On parle d'une émeute pour aujourd'hui.

— Je ne sais rien, répond le général, je ne m'occupe pas de politique ; je reçois un ordre régulier du ministre de la guerre, j'obéis sans réfléchir. »

Évidemment ce général est correct. Il remplit son devoir. On peut le citer comme un modèle.

Le voici sur la place de la Concorde. Il fait encore nuit noire. Paris est désert ; rien ne bouge. Les régiments prennent position l'un après l'autre. Le général a donné l'ordre d'interrompre la circulation sur tout le périmètre qu'a indiqué le ministre. Puis il attend.

Rien, pas un mouvement. Enfin le jour se lève. Dans le lointain des murmures, des cris. — Le général s'informe. Les avant-postes placés sur les quais annoncent que de grands attroupements se forment sur la rive gauche et du côté de la Cité.

Le général envoie un aide-de-camp demander des instructions au ministère de la guerre. On lui répond que les autres points de Paris sont suffisamment garnis de troupes et qu'il se borne à défendre le terrain qu'on lui a assigné.

A huit heures on entend quelques coups de canon du côté du Luxembourg. Puis plus rien. Un officier d'ordonnance que le général envoie à dix heures au ministére de la guerre, revient sans avoir pu dépasser le Boulevard-St-Germain. Les insurgés sont maîtres de la rive gauche.

Le général voudrait bien lancer ses troupes, mais il craint avec raison de dégarnir un point important ; car il défend l'Élysée. Il reste donc sur place, mais il mord convulsivement sa moustache.

Enfin voici l'heure du combat. Une colonne insur-rectionnelle attaque la rue du Faubourg-St-Honoré, tandis qu'une autre arrive par l'Avenue de la Grande-Armée. Le général fait des prodiges de valeur, ses soldats se battent comme des lions. Mais les insurgés sont bien armés et ont la supériorité du nombre. Le général est obligé de rétrograder. L'Élysée lui est enlevé par un coup de main, et, ce qu'il y a de plus pénible, c'est que tout ce qui s'y trouvait *sans exception* tombe entre les mains des insurgés.

Le général s'est replié sur le Trocadéro. Sa division a beaucoup souffert, mais elle est encore solide. Le général se fortifie dans le palais, et déclare qu'il s'y fera tuer.

On annonce un parlementaire. Le général le reçoit avec répugnance.

« Que voulez-vous ?

— Général, je viens vous dire qu'il faut mettre bas les armes. Je me présente au nom du ministre de la guerre.

— Du ministre de la guerre ? Allons donc, vous n'êtes pas officier et mon vieil ami, le général Barraud ne peut faire dire qu'une chose à ses généraux : « tenez jusqu'à la mort. »

— Le général n'est plus ministre de la guerre. Le gouvernement national que le peuple vient de se donner a mis au ministère de la guerre notre grand écrivain Alcide Tournedos. Voici l'ordre. — Il y a le timbre. »

Le général hausse les épaules : « Je ne connais pas Alcide Tournedos ; je connais le général Barraud, mon chef, auquel je dois obéissance. »

Le parlementaire. — Général, vous m'étonnez, vous faites de la politique.

Le général. — Moi, monsieur ; prenez garde. Je ne souffrirai pas que vous m'insultiez.

Le parlementaire. — Vous faites de la politique ; le gouvernement dont M. Barraud faisait partie n'existe plus, puisque nous avons pris l'Élysée et *tout* ce qu'il contenait.

Le général. — Mais ce gouvernement, je dois lui être fidèle ; c'est lui qui m'a confié ce poste.

Le parlementaire. — Il me semble entendre parler Bazaine ! ! !

Le général. — Bazaine ?

Le parlementaire. — Oui, Bazaine, l'affreux Bazaine que chacun a flétri. Chassez ces honteux souvenirs. Rappelez-vous les nobles exemples de vos devanciers en 1814, en 1815, en 1830, en 1848, en 1851, en 1870. Rappelez-vous toutes les nobles traditions des soldats qui ne se mêlent pas de politique. Nous occupons l'Élysée, l'Hôtel-de-Ville, le ministère de la guerre ; nous avons le *timbre.* Que voulez-vous de plus ? L'armée a-t-elle demandé davantage aux grandes époques que je vous rappelle ? Vous prétendez donc faire un *pronunciamento ?*

Le général. — Mais, cependant, on m'a ordonné de vous combattre.

Le parlementaire. — Et nous, nous vous ordonnons de nous aider. L'ordre est régulier, exécutez-le.

Le général. — Mais qui me prouve que vous ne me trompez pas?

Le parlementaire. — Envoyez un officier au siége du gouvernement. »

L'officier est dépêché; il revient. Le parlementaire a dit vrai : l'émeute s'est transformée en gouvernement.

L'officier. — Ne lâchez pas pied, mon général ; peut-être la province...

Le général. — L'ordre est régulier.

L'officier. — Mais les Chambres se réuniront...

Le général. — Je ne reçois pas d'ordres des Chambres; j'en reçois seulement du gouvernement. L'ordre est régulier.

L'officier. — Mais le gouvernement nouveau est composé de bandits.

Le général. — Vous faites de la politique, mon pauvre garçon. L'ordre est régulier. Allons, dites aux colonels de ramener les troupes dans les casernes. Rentrons au quartier.

TRENTE ANS DE SERVICES.

Les âmes sensibles se sont émues. Un fait odieux s'est accompli. Un magistrat, éminent par sa fonction et par l'ancienneté de ses services, vient de tomber victime de l'intolérance du gouvernement. M. de B... est révoqué.

Cette mesure a révolté toutes les consciences, et c'est à peine si quelques journaux exaltés essaient de la défendre. Trente ans de services ! voilà trente ans que M. de B... apporte son concours à l'œuvre de la justice, et tout à coup on lui enlève une situation si bien gagnée par une vie de labeur. Comment l'indignation universelle n'éclaterait-elle pas ! Il faut entendre le premier président raconter avec attendrissement la carrière de l'infortunée victime, pour comprendre ce qu'une telle injustice a d'odieux.

« Notre éminent collègue, dit le premier président, est entré bien jeune dans la magistrature comme substitut à Villers-sur-Orne. C'était quelques mois à peine avant la révolution de Février. Jeune avocat plein de distinction, il fut remarqué par le procureur général, lorsqu'il plaida pour plusieurs émeutiers compromis dans une des échauffourées de la fin du règne de Louis-Philippe. Alors que, cherchant le scandale, les autres défenseurs profitaient de la circonstance pour exalter les perturbateurs, M. de B... plaida avec une remarquable modération. Il s'excusa d'avoir accepté cette cause, expliqua compendieusement qu'il ne se rattachait par aucun lien aux doctrines que professaient ses clients, et sollicita pour eux, malgré leur indignité, une indulgence qui, disait-il, ne saurait être exagérée. Le procureur général, après avoir entendu cette belle défense, parla du jeune avocat au garde des sceaux : « Nous aurons là un auxiliaire utile », dit-il. Et le jeune homme fut nommé substitut.

— Et qu'advint-il des émeutiers, M. le Premier?

— Ils furent condamnés au maximum de la peine. Quant au nouveau substitut, il eut bientôt l'occasion de faire ses preuves, et, dans son réquisitoire contre la *Vigie de Villers-sur-Orne*, il démontra que l'attaque contre la personne du roi équivalait à un parricide, qu'elle était même plus criminelle, car « le coupable s'efforçait d'atteindre non-seulement son propre père, mais aussi le père de toute la nation. »

— Quoi! M. le Premier, il disait cela à la veille de la révolution de Février. Mais on a dû le destituer dès la proclamation de la République.

— Ne le croyez-pas. Il avait été le défenseur des
émeutiers et ce titre le sauva. De plus il connaissait
Ledru-Rollin et lui avait toujours témoigné une grande
admiration. On mit le « parricide » sur le compte de
l'exagération familière aux débutants et le substitut
de Villers-sur-Orne fut maintenu en fonctions. Du
reste la République n'eut pas à se repentir de cette
tolérance. Notre collègue est un homme d'honneur
qui n'a jamais trahi son devoir. Un rassemblement
séditieux eut lieu aux environs de Villers-sur-Orne.
Les coupables allèrent jusqu'à crier. « A bas la République, vive le Roi. » Le substitut trouva là l'occasion
d'un triomphe oratoire. On attendait avec curiosité
son discours; on se disait : comment va-t-il faire
oublier le « parricide »? M. de B... ne se troubla pas :
« Inflexible et respectueux serviteur de la loi, s'écria-
t-il; nous la faisons respecter avec amour quelle qu'elle
soit. Nous avons dit naguère que l'attaque contre un
roi investi du pouvoir légal était un parricide, nous
avions raison. Mais quels termes emploierons-nous
pour qualifier la conduite de ceux qui acclament ce
roi quand il a été dépossédé de son pouvoir légal par
la nation? Les premiers frappent le père de la nation,
les seconds exaltent l'ennemi de la nation. Les uns
et les autres sont donc en insurrection contre la
nation; ils doivent être confondus dans la même ré-
probation. » Le succès fut grand et l'orateur devint
bientôt procureur de la République. On admira son
habileté et l'on imprima que « les ouvriers de la dernière heure étaient souvent les plus habiles ». Ce fut
l'Empire qui le fit venir à Paris.

— Comment l'Empire?

— Sans doute. Un homme d'ordre, un ami de l'autorité comme notre regretté collègue devait se joindre aux gens qui voulaient un gouvernement fort. Il s'était fait présenter à l'Élysée avant le Deux-Décembre, et le prince président avait remarqué ses assiduités.

— Ses protestations républicaines durent bien le gêner par la suite, M. le Premier.

— Qu'appelez-vous protestations républicaines?

M. de B... était magistrat et rien que magistrat, un serviteur inflexible et respectueux de la loi, comme il le disait lui-même. Il appliqua exactement les lois de l'Empire. Il prit la parole dans de nombreux procès politiques. Mais il se contenta de comparer la conduite des prévenus au texte de la loi pénale, sans se livrer à des considérations générales. Tout au plus la courtoisie et la bienséance lui firent-elles parfois un devoir de montrer ce qu'avait d'odieux la conduite de ceux qui ne se ralliaient pas à un régime conforme aux vœux et aux intérêts du pays. Il eut un jour une belle réplique. Un avocat malappris ayant fait allusion à ces hommes « qui demandent contre les républicains la répression qu'ils requéraient jadis au nom de la République. » « Ceux-là, répondit M. de B..., sont vraiment fidèles à leur devoir de soumission à la loi. »

Modéré du reste, M. de B.... mais terrible par cela même. Il eut à requérir contre des amis de M. Ledru-Rollin impliqués dans une affaire de société secrète. Il les avait vus jadis dans l'intimité. Un autre se serait trouvé dans l'embarras. Lui parla des relations d'autrefois, de la tristesse de son cœur avec tant d'émotion que, lorsqu'il en vint à accuser ses anciens amis, on comprit qu'il devait souffrir. Aussi ajouta-t-on une entière confiance à des accusations si douloureuses pour lui à formuler. La sentence rendue fut si terrible qu'elle fit de M. de B... un avocat général.

Ce souvenir aurait pu lui être nuisible quand l'Empire inclina vers les idées libérales.

Les malveillants avaient fait grand bruit de ce procès de société secrète et tous ceux qui y avaient été mêlés comme juges ou comme accusateurs étaient tenus en suspicion ; car c'était justement le défenseur du principal accusé qui venait d'arriver au pouvoir.

— Cependant il me semble me rappeler, M. le Premier, que ce fut ce garde des sceaux qui fit M. de B... procureur général.

— Vous l'avez dit. Il y avait parmi les vieux partisans de l'Empire autoritaire une certaine prévention contre la nouvelle politique. Beaucoup de magistrats blâmaient l'évolution libérale.

— Croyez-vous, M. le Premier, qu'ils eussent refusé la place qu'on offrit à M. de B... ?

— Je ne leur fais pas cet outrage. Ils connaissaient trop bien les devoirs de la magistrature, qui n'a pas à se préoccuper du nom du garde des sceaux, mais qui doit accepter les charges qu'il plaît à celui-ci de lui imposer. Je dis seulement que la magistrature témoigna d'un déplaisir passager. Il y eut de l'hésitation. D'autant plus que le nouveau garde des sceaux était un de ces robins orgueilleux qui ont souvent maille à partir avec les présidents devant lesquels ils ont l'honneur de plaider.

— Hélas ! M. le Premier, c'est l'humiliation de notre noble magistrature que d'être soumise par le malheur des temps à de semblables gens.

— A qui le dites-vous? J'ai eu pour chef direct il y a dix ans un avocat que la veille j'avais traité d'impertinent en pleine audience. Mais glissons sur ces tristes époques.

M. de B... montra plus de détermination que ses collègues. Le premier, il félicita le ministre. Le haut personnage fut flatté de cet empressement. Il voulut encourager les hésitants et la nomination de M. de B... comme procureur général fut décidée.

— Je parie, M. le Premier, qu'il y eut dès lors un empressement extrême parmi les magistrats à venir féliciter.

— Que dites-vous, monsieur ? Ils vinrent, parce que c'était leur devoir. Mais vous ne supposez pas, je pense, que l'intérêt nous guide. Nous recevons les honneurs comme de pesantes responsabilités auxquelles nous ne pouvons pas nous soustraire.

— Procureur général ! monsieur le Premier, c'était superbe. Mais comment entra-t-il au parquet de la Cour de cassation dont on vient de le chasser ?

— La République fut proclamée dans la ville où il exerçait ses éminentes fonctions. Pour la première fois de sa vie il éprouva un certain embarras qu'il a raconté lui-même avec bonhomie : « J'étais venu au Palais comme à l'ordinaire, a-t-il coutume de dire, j'étais dans mon cabinet et j'étudiais un dossier, quand un bruit épouvantable se fit sous ma fenêtre. Je vis passer des bandes armées précédées de drapeaux et hurlant des cris séditieux. À mon grand étonnement aucun agent de la force publique n'apparaissait pour imposer silence aux factieux. Au même instant un de mes substituts entrait précipitamment, m'apportant une dépêche où l'on m'annonçait que la République était proclamée à Paris et que l'impératrice avait dû quitter la capitale.

« Comment laisse-t-on ces coquins parcourir la ville en faisant du tumulte? » demandai-je à mon substitut. Il me répondit que la garnison fort insuffisante s'était enfermée dans la caserne. Je fus atterré ; nous étions à la merci de l'émeute triomphante. Que faire ? Ma méditation ne fut pas longue. J'entendis un fracas affreux dans le palais de justice. Les bandes l'avaient envahi. La porte de mon cabinet fut ouverte et quelques hommes parurent sur le seuil, mais ils n'entrèrent pas.

— Que voulez-vous, citoyens ? dis-je, d'une voix ferme.

— Nous voulons savoir, citoyen accusateur public, pourquoi la justice ne siége pas aujourd'hui?

— Les chambres n'ouvrent qu'à midi.

— Il est midi moins cinq, citoyen, et tu n'es pas encore déguisé. Allons, mets ta peau de lapin.

— Le procureur général ne siége pas chaque jour.

— Il siégera aujourd'hui, c'est jour de fête.

Je réfléchis — : « Citoyens, dis-je, où est le préfet? »

— Quel préfet? l'ancien, nous l'avons mis à la porte par la fenêtre, le nouveau est annoncé par le télégraphe.

— Alors il n'y a plus d'autorité ?

— La nôtre.

D'un geste brusque j'ouvris mon armoire, j'en tirai une robe rouge et je me rendis, escorté de toute la bande qui applaudissait, à la première chambre de la Cour. Tous les conseillers suivirent mon exemple. Je pris des conclusions dans une affaire et je dis aux juges en terminant : « C'est au nom du peuple français que vous jugerez aujourd'hui, messieurs. Le peuple français est désormais notre seul souverain. »

Un tel acte valait bien une distinction. Une charge d'avocat général à la Cour de cassation récompensa la conduite du magistrat. Pendant la Commune, il n'était heureusement pas à Paris, sans cela qu'eût fait ce serviteur aveugle de l'autorité en voyant la ville livrée au Comité de l'Hôtel-de-Ville et le gouvernement relégué à Versailles ? Peut-être eût-il eu quelque inspiration de soumission que je frémis de deviner.

— Ah ! monsieur le Premier, la Commune ! non, jamais, jamais ! Rien que la tenue des insurgés lui eût appris...

— Croyez-vous donc que ceux qui envahirent son cabinet de procureur général étaient bien mis ? Mais écartons ces tristes pensées. Ce qui vient d'arriver à M. de B... est déjà assez douloureux. Il était venu passer quelques jours de vacances dans une petite ville connue pour ses sympathies bonapartistes et où il est assez peu aimé depuis sa conversion à la République (on appelle ainsi dans ces pays arriérés la soumission aux lois du pays). Or voilà qu'un beau jour des perturbateurs (quelques-uns disent de mauvais plaisants), firent courir le bruit que l'héritier de la famille impériale venait d'ar-

river à Paris où sa présence avait suscité un soulève-
ment. La nouvelle se répandit rapidement et à la tombée
de la nuit deux mille hommes venus de tous les coins
du pays se réunirent sur la place de la mairie, hurlant
des « vive l'empereur ! » à assourdir tous les voisins.
A ce moment même M. de B... revenait de la chasse.
En entendant ces clameurs insolites il fut indigné et
s'élançant dans la caserne de gendarmerie, il somma
le brigadier d'avoir à disperser l'attroupement.

Le brigadier, décoré de la médaille d'Italie, était assis
près de la fenêtre regardant le coucher du soleil.

« Parbleu, dit-il, monsieur le magistrat , il paraît
que le petit est proclamé à Paris, je ne veux pas me
faire d'affaire avec lui.

— Que dites-vous là ? s'écria M. de B...

— Demandez plutôt à ceux qui sont là en bas.

Le malheureux magistrat descendit sur la place. On
l'interpella violemment.

— Ah ! c'est à ton tour maintenant de baisser le nez.
Il est revenu, il va punir les renégats.

— Où est la dépêche, où est la dépêche ? demanda M. de B...

— La voici. »

M. de B... s'élança vers la porte de la mairie où se
lisaient, dans le cadre destiné aux publications officielles, les mots suivants :

« Le prince impérial est arrivé à Paris, il a été acclamé par la population. »

M. de B. . eut un éblouissement. Mais il se rappela
l'heureuse détermination qu'il avait prise au jour de la
proclamation de la République. Se tournant vers la

foule il cria par trois fois : « Vive l'empereur !» et après avoir échangé avec toute la population enchantée de cordiales poignées de mains, il rentra chez lui, en rêvant d'une première présidence.

Cinq minutes après il entendait des exclamations de mécontentement s'élever dans la foule. Il se mit à sa fenêtre et cria à des passants : « Qu'y a-t-il donc ?

— Monsieur de B..., on a rectifié la dépêche, il s'agissait du prince impérial d'Autriche. »

M. de B... s'affaissa sur lui-même. Le lendemain il était révoqué.

LA COUR DE CASSATION EN 1890.

Nous sommes en 1890. La République est installée depuis plus de dix ans et ne rencontre plus d'adversaires.

Elle a laissé au gouvernement le droit de nommer les magistrats. « L'élection des magistrats par le suffrage universel est une réforme nécessaire, mais encore prématurée », ont dit du haut de la tribune tous les gardes des sceaux qui se sont succédé.

L'inamovibilité de la magistrature, après une nouvelle investiture, a été conservée avec le plus grand soin au milieu des nombreux bouleversements politiques; si bien que tous les vaincus des luttes publiques ont brigué les siéges de magistrats devenus des retraites inexpugnables.

Chaque nouveau cabinet a fouillé minutieusement l'administration, les finances, les corps enseignants pour y découvrir ses adversaires et pour les remplacer par des amis, de sorte que ces postes sont fort dédaignés. On sait trop bien qu'ils ne donnent aucune sécurité. La magistrature au contraire est restée intacte ; chacun s'y réfugie.

A mesure que des vacances se produisent, le ministère confie les fonctions judiciaires à ses meilleurs amis, à ceux qu'il veut favoriser particulièrement. Aux indifférents, aux partisans vulgaires on livre les préfectures, les places de finances, les ambassades, car de tout cela il ne restera plus, à l'heure de la chute, que des souvenirs et des regrets. A ceux qu'on aime, on offre les charges de judicature qui sont éternelles ; celui qui les a conférées n'eût-il eu qu'un jour de pouvoir. Puïs, dès que le Parlement semble irrité contre le cabinet, ce sont les ministres eux-mêmes qui s'esquivent, donnent une démission qu'on leur aurait arrachée le lendemain, et se font attribuer les hautes fonctions judiciaires.

De sorte que depuis dix ans que cela dure, la magistrature est étrangement composée en 1890, surtout dans les juridictions supérieures. Les anciens magistrats qui avaient fait hiérarchiquement leur carrière se sont éteints peu à peu, et ont été remplacés suivant les nouvelles traditions.

Parmi les membres de la Cour de cassation on trouve quatre anciens préfets de police dont l'un fut d'abord célèbre comme vaudevilliste, dix-huit anciens ministres, dont cinq ont été médecins, quatre ingénieurs, trois industriels, quatorze anciens sous-secrétaires d'Etat (deux d'entre eux n'ont pas encore trente ans), trois anciens officiers généraux qui se sont distingués à la Chambre, et même deux anciens magistrats qui ont suivi toute la filière des grades et qui sont fortement suspectés par leurs collègues d'apporter dans l'examen des affaires un grand esprit de routine.

Du reste rien n'a été changé aux usages de la Cour. Tout le monde y a fort bon air et l'aspect est imposant. On écoute les avocats avec convenance. Les rapports sont courts. Le conseiller chargé de les faire se borne à lire les décisions en litige.

Les arrêts de la Cour sont succints. « La Cour, attendu que l'arrêt de telle cour est contraire ou conforme à la loi, infirme ou confirme. » Pas de considérants, pas de discussion de droit ; oui ou non. Comme le répète le président, la Cour de cassation n'a pas le temps de dire des paroles inutiles.

Mais si tout ce qui se passe en public a un caractère de grandeur et de simplicité vraiment admirables, les délibérations n'ont plus cet aspect solennel.

Par exemple, la chambre criminelle va rendre un arrêt.

« Messieurs, dit le président, un ancien médecin qui a été six mois ministre des finances, occupons-nous du pourvoi que le condamné à mort Jean Passaud nous a fait parvenir.

— Ah parbleu! dit un ancien général, voilà un

coquin qui n'a pas volé sa condamnation. Pour ma part, je veux qu'on l'exécute.

— Cependant, fait un des deux anciens magistrats, il faut examiner si les formes de la loi ont été respectées. On affirme que...

L'ancien général. — Les formes! les formes! Est-ce qu'il a mis des formes pour étrangler sa victime?

L'ancien magistrat. — Mais il paraît que les jurés avaient manifesté leur opinion.

L'ancien général. — Je l'espère bien; comment ne pas témoigner son indignation, en face d'un tel crime?

L'ancien magistrat.— Mais la loi défend...

Le président. —Messieurs, le condamné n'a que ce qu'il mérite, nous confirmerons. Passons à d'autres affaires. La Cour d'appel de Rouen vient de condamner aux travaux forcés un journaliste qui avait insulté la République.

Tous les conseillers. — Très-bien, très-bien.

L'ancien magistrat. — Mais c'est une violation flagrante de la loi qui n'édicte que la peine de l'emprisonnement.

Un ancien préfet de police. —Vous défendez ce misérable, mon cher collègue; insulter la République! c'est la peine des assassins qu'il faudrait appliquer!

L'ancien magistrat. — Je ne le méconnais pas; mais nous sommes ici pour appliquer la loi et l'article...

Le président. —Vous parlez d'article, quand il ne faut parler que de châtiment. La Cour confirmera; un mot de plus et elle augmentera la peine. Nous avons à juger maintenant un pourvoi relatif à l'exercice illégal de la pharmacie. Le sieur Chapon a vendu sans droit des médicaments inscrits au codex.

Un ancien pharmacien.— Confirmez, confirmez. A-t-on condamné sévèrement?

Le président. — Cinquante francs d'amende.

L'ancien pharmacien. — C'est un scandale. Mettons quinze jours de prison et dix mille francs d'amende.

L'ancien magistrat. — Mais vous ne le pouvez pas, vous ne pouvez, après avoir infirmé un jugement, que renvoyer devant la juridiction compétente.

L'ancien général.— Monsieur, vous insultez la Cour, en prétendant qu'elle n'a pas autant de puissance qu'un tribunal subalterne.

Le président (à l'ancien magistrat). — Je vous ferai observer, mon cher collègue, que vous semblez prendre à tâche de contredire sans cesse le sentiment de la Cour. Vous voyez que, vous seul excepté, tout le monde est d'accord, et que les décisions sont prises à l'unanimité. Tâchez donc de vous conformer à cet esprit de corps qui est de tradition à la Cour de cassation. Du reste, vous allez sans doute être de notre avis. Il s'agit de casser une décision. La Cour d'assises du Gers vient d'acquitter des séditieux qui avaient conspiré contre la République. Le procureur général a gardé ces misérables en prison, et a fait un pourvoi pour que nous brisions cet arrêt insurrectionnel et que nous condamnions les coupables.

L'ancien magistrat. — Mais nous ne le pouvons pas. Rien ne peut enlever à des accusés le bénéfice de l'acquittement.

Un conseiller. — Que dites-vous?

L'ancien magistrat. — Ce que la loi dit formellement. Relisez... (Il montre son Code.)

Le président.—Monsieur, vous essayez de régenter la Cour. Je ne le permettrai pas. Il y a des mesures à prendre contre vous; je ne faillirai pas à ma tâche. Je vais consulter ces messieurs sur la question de savoir s'il convient de laisser troubler nos délibérations par des contradictions systématiques.

Le conseiller. — Non, non.

Le président.—Vous voyez ce qu'il vous reste à faire.

L'ancien magistrat (sortant de la salle).— Ah ! je donnerais bien volontiers ma démission... Mais ce serait rompre avec les traditions les plus vénérables de l'ancienne magistrature. »

A la chambre civile, les conseillers sont plus heureux. L'ancien magistrat qui en fait partie a régulièrement la goutte les jours de séance. Aussi les délibérations sont-elles calmes.

Chaque conseiller lit avec avidité son journal. Des groupes se forment où l'on discute violemment les chances que l'opposition a de renverser le cabinet. La plupart des conseillers, en effet, ont l'espérance de rentrer aux affaires.

De temps en temps, on entend la voix du rapporteur qui domine le bruit : « *Affaire Armand* contre *Doucet.* Je suis d'avis d'infirmer. — Très-bien, très-bien, disent les conseillers. — *Affaire Villain* contre *Joret.* Je confirme. — Très-bien, très-bien.

— Ah ! Messieurs, voici une affaire intéressante. Il s'agit de la séparation de corps du député Ardouin.

Voix diverses.— Où siége-t-il ? A droite ? à gauche ?

Un conseiller.— Ardouin ne siégе pas, il butine ; c'est ce qu'il appelle voter suivant sa conscience.

Le président.— La Cour de Paris lui a fait perdre son procès.

Un groupe. — Bravo !

Un autre groupe. — C'est affreux.

Ensemble. — Infirmons, confirmons.

Le président.— Messieurs, un peu de silence, et dites vos raisons.

Un membre. — Ardouin est un brave garçon, qui a toujours bien voté. Sa femme a tous les torts.

Un autre membre. — Ardouin est un intrigant qui se met à la remorque de tous les partis le lendemain de leur victoire. Il doit avoir maltraité sa femme. *(Tumulte effroyable.)*

— Votons, dit le président. »

Ardouin triomphe, on infirme l'arrêt.

« Voici une question difficile, dit un rapporteur, et que je n'ai pas très-bien comprise. C'est un arrêt rendu à l'occasion d'un « ordre ». Connaissez-vous cette expression ? La nature de mes occupations passées m'ayant retenu assez loin des choses de la chicane, j'en ignore le jargon.

— C'est bien simple, s'écrie un général. Un ordre ! C'est sans doute un procès relatif à quelque militaire insubordonné qui n'a pas exécuté l'*ordre* de son chef.

— Allons donc, fait un ancien diplomate; c'est tout simplement un débat au sujet d'une décoration illégalement portée.

— Ce qui m'étonne, observe le président, c'est qu'en lisant l'arrêt j'ai vu qu'il s'agissait de débiteur, de créanciers, d'hypothèques, toutes choses qui s'accordent mal avec cette expression étrange: *ordre*.

— Eh bien ! confirmons, fait l'ancien général.

— Vous ne me croirez pas, riposte le président, mais ma curiosité est éveillée. Je voudrais bien savoir, avant de confirmer, de quoi il s'agit.

— Pauvre président, il devient minutieux, dit à voix basse l'ancien général.

— Mon Dieu, fait un conseiller, envoyons chercher un des magistrats de la Cour d'appel.

— Je n'ai pas confiance, dit en riant le président. Nous pourrions tomber sur un des anciens députés non réélus qu'on vient de pourvoir d'un siége inamovible.

— Alors qu'on nous amène un juge de première instance.

— Que ferons-nous si c'est un ex-sous-préfet ?

— J'ai notre affaire, s'écrie tout à coup un conseiller. Envoyez chercher le vieux monsieur à favoris blancs que j'ai aperçu tout à l'heure dans l'auditoire ; il est assis sur le premier banc. »

On introduit le vieux monsieur,

« La Cour de cassation voudrait vous demander un renseignement. Pourriez-vous lui expliquer ce qu'on entend par un « ordre ?

— Un ordre, répond le vieux monsieur, c'est une opération qui a pour but de désigner le rang que prend chaque créancier dans le partage des biens du débiteur.

11.

— Voilà un homme très-savant, fait l'ancien général.

— Quel jurisconsulte ! s'écrie l'ancien diplomate. Ce doit être une célébrité !

— La Cour vous remercie, dit solennellement le président. Veuillez nous dire à qui nous devons témoigner notre reconnaissance.

— Je suis M. Durand, juge de paix. »

LE POLITICIEN DE L'AVENIR.

Métier facile ! Avoir le droit de tout promettre sans être obligé de rien tenir ; tel est le sort des politiciens de l'avenir. Sort si fortuné qu'on s'étonne que tous les politiciens ne le recherchent pas.

La première condition pour devenir un politicien de l'avenir est d'avoir fait un livre aussi gros, aussi obscur, aussi incompréhensible qu'on voudra, mais qui doit réunir des conditions toutes particulières.

Cet ouvrage ne contiendra ni un nom propre, ni une allusion aux événements du jour, car il deviendrait une œuvre d'actualité, et ne remplirait pas son but. Il faut qu'il traite exclusivement des questions générales. Exemple : *Essai sur le sort du peuple.*

Voilà un titre excellent. Il n'est pas nécessaire d'entrer dans les détails pour remplir cinq cents pages avec « le sort des peuples. » La première partie nous présentera le tableau animé de l'oppression du peuple depuis les siècles les plus reculés. Un simple dictionnaire historique suffira à l'auteur pour faire preuve

d'une méritoire érudition. L'oppression à Athènes,
à Sparte, à Rome, en Chine, au Japon, aux Indes,
en Gaule, chez les Goths, chez les Francs, sera dé-
peinte à grands traits. Puis voici les siècles barbares,
le moyen âge, la renaissance, les temps modernes.
(On pourra même faire deux volumes). Un chapitre
très-court mais sanglant sur notre siècle. On s'excuse
de ne pas pousser plus loin cette étude en s'écriant:
« Pauvre peuple, tu la connais trop bien ton oppression d'aujourd'hui, elle est inscrite sur tes épaules
par le fouet de tes maîtres ! » Cela protége contre
toutes les critiques et permet de ne pas étudier de
trop près les problèmes délicats qui résultent des rapports sociaux à notre époque.

« Et maintenant cherchons des remèdes. » Ici la
verve du politicien de l'avenir peut déborder.

1° *Oppression par le gouvernement*. Peinture d'un
gouvernement idéal où les fonctionnaires, les administrateurs, les députés auront disparu. Le peuple
se réunira dans ses comices chaque dimanche matin.
Un réseau télégraphique complet permettra de cen-
traliser immédiatement les votes. Le peuple délibérera
sur toutes les questions qu'il lui plaira, le directeur
général des télégraphes étant le seul fonctionnaire et
l'agent unique des pouvoirs. Et pour éviter que celui
qui se serait aventuré dans l'*Essai sur le sort du
peuple* ne présente quelque objection, l'auteur
ajoute : « certes les peuples ne sont pas encore mûrs
pour cette belle théorie du gouvernement télégraphique, mais le jour de la lumière approche... »

2° *Oppression par le clergé*. Description d'une religion

naturelle. Chacun est prêtre à soixante ans. La vieillesse devient un sacerdoce ; les vieillards réunis sur la place publique donnent aux jeunes gens (chaque jeudi dans l'après-midi) les conseils de l'expérience, puis, levant les bras vers le ciel, ils offrent au Tout-Puissant les fleurs qu'ont apportées les jeunes filles.

« Certes les superstitions sont encore bien puissantes, mais nous ne désespérons pas de voir le saint-père lui-même sortir un jour du Vatican pour célébrer le sacrifice naturel, en sa qualité de sexagénaire. »

3° *Oppression par la justice.* Plus de prisons, plus de bagnes. Les coupables seront déportés dans une île saine, fortunée, où on les comblera de bienfaits. La société, au lieu de les exaspérer par le châtiment, les réconciliera ainsi avec elle et pourra leur ouvrir de nouveau son sein, s'ils consentent à s'y précipiter.

« Voilà cinq mille ans qu'on fait l'expérience des peines et les coupables ne s'amendent pas ; essayons donc le moyen contraire. »

4° *Oppression par le capital.* L'ouvrier a conquis son indépendance ; il n'a pas besoin de travailler au profit du capital, car il est lui-même capitaliste. Comment cela ? L'auteur néglige de nous le dire, car il a besoin de toute la place dont le format de son volume lui permet de disposer pour dépeindre avec lyrisme ce jour radieux. Il décrit la petite maison bien propre où l'ouvrier capitaliste élèvera sa famille, la nourriture succulente, les toilettes confortables de la femme, les heures nombreuses de loisir, les caisses de prévoyance où le vieillard trouvera des ressources pour finir tranquillement sa vie.

Personne ne s'amusera à lire ces billevesées. Aussi,
nul ne remarquera les lacunes. Mais les journaux amis
reproduiront les principaux passages de la description,
et les ouvriers se diront : « En voilà un, au moins
qui s'occupe de nous et qui nous veut du bien. Ah
s'il était au pouvoir, comme nous serions bien traités. »
Et ils rêvent à la petite maison bien propre et à la caisse
de prévoyance.

Ce qui peut arriver de plus heureux au politicien de
l'avenir, c'est que l'ouvrier ne lui donne pas le pouvoir.
Le politicien de l'avenir qui arrive au pouvoir est le
politicien du présent. Il patauge dans les questions d'actualité, perd son originalité et finit par se ranger tout
piteux derrière un Triomphant quelconque.

Mais, si sa bonne fée le préserve de cette chance ma-
lencontreuse, le politicien de l'avenir devient digne
d'envie. Il peut prétendre à toutes les admirations et à
tous les hommages.

Un volume par an, quatre articles dans les revues
économiques, cela lui suffit. Au bout de cinq ans, il
est inévitablement célébre. Par exemple, il lui faut
quelque fortune, car il vend douze exemplaires de
chacun de ses ouvrages. S'il est pauvre, comme l'éditeur le fuira avec épouvante, il en sera réduit à faire
dans quelque journal enragé les « Variétés économiques » et les commissions. Mais s'il a quelque
aisance, l'avenir s'ouvre souriant devant lui. A force
de voir périodiquement les annonces de ses livres
et les éloges qu'il se fait décerner, on retiendra
son nom et bientôt le public dira : « C'est un penseur. »
Être appelé « *penseur* », tout est là, à condition qu'on

n'ait pas besoin de gagner sa vie. Ah ! par exemple, s'il faut vivre de ce titre envié et respecté, on vit mal. Le public s'incline devant le penseur, mais ne lui procure pas le moyen de dîner. Mais, le penseur dégagé de ces misérables préoccupations, mènera l'existence la plus enviable. Qu'a-t-il à craindre ? Il reconnaît qu'il parle pour les générations futures. Aussi, ne peut-on lui demander les moyens actuels d'appliquer ses idées et serait-on mal venu à discuter ses rêves. Il répondrait péremptoirement que, ne s'adressant pas à ses contemporains, ses contemporains n'ont rien à lui répondre.

Il s'en va donc réformant, blâmant, prophétisant, le tout au-dessus et en dépit de la critique, et toujours escorté d'admirations intéressées. Intéressées, disons-nous ? Oui, car c'est une sorte de gloire que d'avoir lu et compris les œuvres du politicien de l'avenir. Il passe pour si profond qu'il y a du courage à affronter de tels abîmes, et comme on lui accorde volontiers une grande ampleur de vues, ceux qui vont jusqu'au bout de sa pensée sont considérés comme d'une intelligence fort développée. De là l'intérêt qu'on trouve à admirer le politicien de l'avenir. Cela vous donne à votre tour une apparence de penseur en sous-ordre.

Une fois arrivé à cette situation enviable d'être admiré de confiance, le politicien de l'avenir n'a qu'à attendre. Toutes les gloires de ce monde lui viendront par surcroît. Il n'a ni ennemis ni adversaires ; comme il ne s'attaque dans ses livres qu'aux principes et qu'il ne touche pas aux personnes, il n'excite aucune animosité, car on ne s'irrite guère en faveur des principes. Jamais, par conséquent, un mot blessant n'est dirigé contre lui. On fait précéder son nom de quelque épithète respectueuse, *notre savant*, *notre érudit philosophe*. Et bientôt quelques jeunes gens, désireux de se donner du prestige, s'étant groupés autour de lui, notre politicien est pourvu du titre ronflant de notre *maître vénéré*. Du reste, les volumes continuent à se succéder plus obscurs que jamais et aussi onéreux que par le passé pour leur célèbre auteur.

Enfin voici l'apothéose. Le politicien de l'avenir est promu au titre d'ami du peuple ; il préside les cérémonies populaires, on lui offre des banquets ; sa barbe blanche se montre partout où l'on fête quelque anniversaire glorieux, où l'on honore quelque mémoire illustre, où l'on conduit à sa dernière demeure quelque patriote. Devant cette barbe les plus puissants s'inclinent ; quand elle paraît, les populations s'exclament ; quand elle disparaît, tout semble désolé.

Sans titres, sans dignités et sans talent, le politicien de l'avenir a pris le pas sur les plus grands, et la mort n'arrêtera pas cet essor. A peine a-t-il succombé que des souscriptions s'organisent ; une statue va lui être élevée : « *A l'homme de l'avenir.* » Et l'avenir lui-même sera dupé ; car les œuvres du grand homme ayant disparu, accaparées qu'elles ont été par l'avidité des fabricants de cornets, l'avenir devra accepter cette gloire sur parole ; et nos petits-neveux diront : « Ce fut un grand citoyen qui a donné une impulsion immense au progrès. Quel malheur pour sa mémoire que ses œuvres soient anéanties ! » Et ils diront cela jusqu'au jour où l'on découvrira un exemplaire conservé par hasard. Mais en découvrira-t-on un? Espérons que non pour l'immortalité du politicien de *l'avenir*.

Dans un pays où les révolutions ont semé beaucoup de ruines et diminué ou renversé beaucoup de puissances, il se forme bien vite un parti considérable, le parti de ceux qui regrettent. Souvent celui qui regrette la brillante situation d'hier est le même qui a détruit la haute fortune du puissant d'avant-hier; mais néanmoins, les regrets de l'un et de l'autre s'unissent sans arrière-pensée, et se confondent en haine contre le puissant d'aujourd'hui. Tous ces regrets et toutes ces haines sont impuissants à faire revivre ce qui fut; mais ils forment cependant une force considérable dont profitent les *politiciens du passé*.

Le premier venu qui se fait l'interprète de ces regrets est accueilli volontiers par ceux qui les ressentent, et tout d'abord il provoque même chez ses adversaires une estime profonde. S'attacher à des vaincus, quel désintéressement! On n'est pas suspect d'un vil calcul, et comme l'intérêt est le mobile des actions

humaines, celui qui semble désintéressé apparaît comme
un prodige de vertu.

Le politicien du passé débute donc avec un plein ba-
gage de considération, et il a beau, jusqu'à la fin de sa
carrière, user et abuser de ce trésor, il lui en reste
toujours quelque bribe.

La mission du politicien du passé n'est pas aussi idéale
que celle du politicien de l'avenir. Le politicien du passé
n'est pas un penseur et n'a pas la prétention de l'être.
C'est un historien, voilà tout, mais un historien doublé
d'un observateur. Il a droit à l'opposition militante et
l'actualité ne l'effraie pas. Seulement, cette actualité
ne doit l'occuper que par comparaison avec le passé.

Autant le politicien de l'avenir doit être vague dans
l'énumération des réformes qu'il prétend imposer au
monde, autant il doit fuir le détail, autant il doit en-
tourer de nuages le mécanisme de sa nouvelle machine
politique et sociale ; autant le politicien du passé doit
préciser dans ses descriptions laudatives les avantages
du temps qui n'est plus.

Le procédé est simple. Si le politicien du passé a de
l'adresse, il ne doit pas mentir, et chacune de ses asser-
tions sera accompagnée de documents péremptoires.

Comment donc arrivera-t-il à prouver que tout était
meilleur avant les grands changements qui ont ébranlé
la société, et qui semblent avoir amélioré la condition
de l'humanité ? Il procédera avec audace du particulier
au général. L'anecdote est la base de son raisonnement.

Veut-il prouver que les lois de la famille étaient
plus respectées jadis, il vous peindra quelque vieille
maison provinciale dont il a retrouvé le « *livre de rai-*

son ». Le père doux et ferme, ayant à la fois le respect et l'affection de ses enfants, se faisant en même temps l'intendant, le précepteur et le magistrat du foyer domestique ; la mère, austère dans ses mœurs, économe en ses dépenses, gardienne fidèle de la chasteté des filles ; les fils soumis jusqu'au delà de l'âge mûr, pénétrés de l'idée qu'en leurs mains est déposé l'honneur du nom, et sauvegardant cet honneur au prix même de leur sang. Et en face de cette famille du passé, il montre la famille frivole du temps présent, où le père prodigue et les fils viveurs se disputent le patrimoine, afin de le gaspiller au gré de leurs fantaisies, et ne se rapprochent que pour se livrer ensemble aux plaisirs ; où la mère absorbée par les aventures, laisse la vertu matérielle de ses filles à la garde d'une mercenaire, et leur apprend pour toute doctrine morale qu'il faut se conserver pure jusqu'au jour du mariage libérateur.

Que répondre à ces deux portraits ? Dire avec le politicien du passé que telle famille du passé valait mieux que telle autre famille du temps présent ; mais rappeler ces scandales audacieux qui jadis ne semblaient même plus des scandales, tant ils étaient fréquents ; ces époux pratiquant l'adultère avec autorisation mutuelle, ces fortunes dilapidées dans des prodigalités que nous ne connaissons plus, ces enfants livrés prématurément et publiquement au vice et rapprocher ces faits multipliés de l'existence honnête et laborieuse de tant de familles modernes, qui édifient sur le travail et sur l'épargne une prospérité que quatre générations établissent solidement.

Le procédé que le politicien du passé emploie pour

la famille, il l'applique à toutes choses. On parle de
liberté, il rappelle que sous l'ancien régime, telle loi
sur le cautionnement des journaux n'existait pas, et
oublie les Bastilles et les écrivains qu'elles recélaient.
On parle de l'émancipation des ouvriers, il cite les
jurandes et les maîtrises, associations favorables à
quelques privilégiés, et oublie que ces monopoles em-
pêchaient la majeure partie de la population de gagner
librement sa vie. On parle d'égalité. Il dit qu'au siècle
dernier un paysan est devenu maréchal de France et
un commis, ministre, oubliant les millions d'hommes
laissés dans l'ignorance et l'abjection, sans que leur
intelligence mal dégrossie pût améliorer leur servi-
tude.

Et ainsi du reste. Tout ce qu'il affirme est exact,
mais il tire d'une exception des conséquences générales. Il trompe sans s'écarter de la vérité.

Aussi combien il est volontiers applaudi par tous
ceux qui regrettent. Il donne à ces regrets, qui sont
indépendants de toute pensée de bien public, une sorte
de consécration. Il leur prête une apparence de désintéressement. On l'en récompense bien vite.

Si vaincu qu'on soit, on n'est pas toujours dé-
sarmé et surtout on n'est pas toujours dépouillé. Les
gens qui regrettent ont des faveurs et des douceurs à
prodiguer à leurs alliés.

Le politicien du passé le sait fort bien. Il renonce à
la popularité, mais il trouve de délicieuses compensa-
tions.

C'est en effet parmi ceux qui regrettent, c'est-à-dire
parmi ceux dont les aïeux ont occupé des positions

éminentes que se trouvent d'ordinaire la grâce de la
conversation, l'urbanité exquise, les aimables façons.
Et l'éloge qu'ils font emprunte à ces qualités un
charme tout particulier.

Voilà donc notre politicien du passé bercé par de
douces paroles. S'il a du talent, s'il écrit ou parle
bien, ou encore s'il procure aux amis du passé quelque
succès partiel, quelque avantage de détail, l'éloge fait
place à l'admiration. Un grand homme est bientôt né
dans ce monde charmant qui n'est pas fécond en grands
hommes. Et surtout si le politicien du passé est vraiment de la race de ceux qui ont le droit de regretter,
un sort digne d'envie lui est réservé. S'il est né pauvre diable, s'il tente de défendre une caste à laquelle
il n'appartient pas, on l'accueille, sans doute, on le
tolère, mais il reste toujours une sorte de fournisseur
d'espèce particulière, un fournisseur d'arguments.

Il demeure dans un état d'infériorité qui n'est cependant pas sans avantages, et pourvu qu'il ne présente
pas trop souvent sa note à solder, il vivra dans une
façon d'abaissement assez envié.

Mais s'il défend sa propre caste en défendant le
temps passé, quelle destinée ! A chaque mot qu'il
prononce, à chaque ligne qu'il écrit, on se pâme. Les
hommes et les femmes (les femmes surtout) l'acclament. Sa vogue ne connaît pas de limites. Ses ouvrages
sont mis en évidence dans chaque boudoir ; on rapporte
ses mots incisifs, on commente ses discussions profondes. A peine paraît-il au seuil d'un salon, que les
conversations cessent, que tous les yeux se tournent
vers lui. On l'écoute bouche béante et s'il n'est ni

trop vieux, ni trop difforme, il peut aspirer à toutes les fortunes, surtout aux bonnes fortunes. Que voulez-vous, un défenseur des bons principes! On espère sa venue, on promet sa présence aux invités.

— Vous savez, ma chère, nous aurons le marquis ce soir. Je pense bien que vous avez lu sa dernière conférence, l'*Éloge de la dîme.*

— Comment ne l'aurais-je pas lue; supposez-vous donc que je passe mon temps à lire les discours de M. Louis Blanc? Je pourrais la réciter sans passer un mot.

— Surtout n'en parlez-pas au marquis, il est si modeste.

Et le marquis se fait attendre. Le salon est lugubre. Le marquis ne viendrait-il pas?

Enfin il arrive à minuit et demi. Il a passé la soirée à préparer son grand ouvrage sur les temps féodaux. Un attendrissement général gagne les femmes qui contemplent avec émotion la moustache blonde de cet infatigable travailleur.

Les pères le montrent à leurs fils.

— N'est-ce pas un sort plus beau et une vie plus honorable que de passer le temps dans une écurie?

Le fils soupire. « Ah! répond-il, tout le monde n'a pas une grande intelligence. »

Le fils se trompe. Qu'il prenne une plume, qu'il relise trois ou quatre numéros du journal *Le Temps passé* pour imiter le ton de la maison, et qu'il se laisse aller à sa verve. — Il écrira aussi bien que le marquis et obtiendra encore plus de succès, étant de plus ancienne souche.

Ces succès mondains ne sont pour le politicien du passé que la menue monnaie des honneurs qui l'attendent. Sa renommée arrive bientôt au public qui la consacre en la discutant. Jadis on ne s'occupait point de ces gloires du beau monde, et c'est seulement le jour où, grâce à la protection d'une douairière, un de ces favoris des mécontents entrait à l'Académie française, que les profanes apprenaient à la fois son apothéose et son existence. Mais alors les attaques contre les idées modernes se produisaient sous une forme terne et pédante qui excitait le bâillement plutôt que la riposte. Aujourd'hui il en est autrement; on fait scandale en connaissance de cause et on force l'attention par l'invective. C'est ainsi que le succès discret des salons se résout en tapage, que tel médiocre déclamateur de lieux communs surannés voit son nom devenir célèbre et qu'il a la joie ineffable d'être outragé, comme s'il était un vrai grand homme. C'est la consécration d'une fortune politique. De ce jour le politicien du passé est chef de parti. Mais à quoi peut-il aspirer, lui devenu puissant par l'impopularité? A beaucoup.

Si par un jour de confusion les hommes du passé s'emparent pour un moment du pouvoir, voilà le politicien à même d'écraser et de terrifier ses ennemis. Si les hommes du passé en sont réduits comme d'ordinaire à l'opposition, le politicien du passé recueille les triomphes que donnent la critique à tout prix et le blâme à tout propos. Et mieux vaut peut-être pour lui cette dernière situation. Caressant le goût qu'a le peuple de censurer ses maîtres, il parviendra sans doute à obtenir ce succès flatteur de voir les politiciens de l'avenir se joindre à lui dans ses attaques. Et voilà pourquoi nous les avons réunis les uns et les autres.

Politiciens du passé et politiciens de l'avenir, vendeurs de théories et de rêves, ennemis éternels du bon sens public, qui dérobent le succès à l'amour niais des hommes pour ce qu'ils ne voient pas, qui trouvent simple et bon de supprimer l'unique difficulté de la politique, la lutte avec la réalité, tous devraient ensemble tomber sous les rires du public.

Il en est pourtant autrement. Tandis que les hommes qui tentent courageusement de trouver le moyen de gouverner une nation suivant ses besoins actuels sont emportés l'un après l'autre, les utopistes du passé ou de l'avenir triomphent et se font une efficace protectrice de cette divinité toute-puissante, la folie humaine.

Les filles se *font une tête;* les politiciens se *font un type.*

Il faut bien parler argot pour exprimer les idées que l'argot seul prévoit.

Se « faire une tête! » Première occupation et premier devoir d'une fille qui veut réussir. Si elle est blonde, elle laissera flotter sa chevelure entremêlée de fleurs des champs; son teint déjà blanc recevra des pâleurs de marbre, et des veines bleuâtres se dessineront sur ses épaules nues. C'est Ophélie, vaporeuse et fugitive image offerte à l'adoration des poètes millionnaires. Brune, elle ajoutera des tons de bistre à la teinte sombre de son visage; elle cernera ses yeux noirs de larges cercles de kohl, elle ramènera sur son front ses cheveux aux reflets de jais. C'est l'Andalouse vindicative et ardente qui se livre à l'amour passionné du passant jaloux. Maigre, la voilà qui orne sa joue d'un rouge factice; les lèvres s'enluminent, la chevelure se dresse en édifice hardi; la bouche grimace le sourire. C'est l'élégante, la dompteuse de cœurs, la souveraine de la mode, qu'adore le jeune gentilhomme vaniteux. Grasse, elle frise ses longs cheveux blonds, ouvre ses lèvres roses pour montrer ses dents blanches, et anime tous ses traits d'une gaîté bruyante. C'est la bonne fille de Béranger que suit le libertin vulgaire. Ces diverses opérations n'ont de nom qu'en la langue des filles; l'argot seul fournit cette expression pittoresque, se « faire une tête. »

Les politiciens se font un type, et souvent aussi ils se « font une tête », la tête du type qu'ils se sont choisi, à moins qu'ils ne se fassent un type à cause de la tête que la nature leur a faite. C'est la même opération au moral et quelquefois au physique, que celle dont les filles sont coutumières.

Les types qu'affectionnent les politiciens sont nombreux.

Celui-ci a choisi la modération. Simplement vêtu, il s'en va le sourire aux lèvres. Il donne la main à ses adversaires avec un empressement affecté. « Mon trèscher ami, dit-il à l'homme qui la veille l'insultait dans un journal, que je suis heureux de vous rencontrer », s'écrie-t-il en apercevant le plus acharné de ses ennemis. Il est le plus fortuné des hommes, si devant la foule il peut apparaître le bras passé sous celui du chef du parti adverse. Quand il parle il ne trouve pas assez d'expressions flatteuses pour ses contradicteurs. Grassouillet, replet, fleuri, il est l'incarnation physique de ce qu'il affecte d'être au moral. Et qui sait si ce n'est pas en se voyant un jour dans une glace que, se trouvant l'air si bienveillant, il a juré d'être désormais le type de la modération.

Un autre a l'œil hagard, le nez au vent, la chevelure hérissée ; sa taille est haute et il s'en va les bras ballants, bayant aux nouvelles. Type de Jocrisse, dont il a su faire le type de la méditation. Vous lui parlez ; il a par hasard entendu vos propos, mais il vous les fait répéter. Comment redescendrait-il si vite des hauteurs où se plaît son intelligence ? Il a un terme favori qu'il emploie en toute occasion. « Restons dans la sphère sereine des principes », dit-il, avec cela il a réponse à tout. Lorsqu'on discuta la validation de son élection, on lui reprochait des irrégularités très-graves. Des bulletins avaient été soustraits ; d'autres ajoutés indûment. La discussion s'animait sur ces faits très-précis et très-concluants. Il se leva et daignant pour un instant abaisser ses regards sur la terre. « Ne nous attardons pas à ces détails, fit-il, rentrons dans la sphère sereine des principes, » et il entama un discours de principe sur le suffrage universel. De guerre lasse, et pour le forcer à se taire, ses collègues le validèrent. Depuis lors il parle souvent, mais il n'aborde jamais que les questions élevées et les traite au point de vue philosophique. Il prépare, dit-on, un grand ouvrage, son chef-d'œuvre, sur l'application des mathématiques aux sciences politiques.

Nous avons aussi le type de l'homme à l'esprit pratique. Ne lui parlez ni de logique, ni d'idées générales. C'est un esprit « éminemment pratique ». A l'extérieur, l'aspect du parfait avoué. Nez pointu, favoris coupés ras, lèvres minces, dents gâtées. Il fallait bien

des efforts pour idéaliser un tel visage. Il y parvient
pourtant. « Je suis pratique », répète-t-il sans cesse.
Et l'on trouve que son museau malin révèle d'éton-
nantes qualités d'homme d'affaires.

Et l'austère, à la tenue ecclésiastique, portant les
cheveux longs et le collet droit, ne parlant jamais à
une femme en public, et publiant des compilations sur
la moralisation des récidivistes.

Et le galantin, qui mène ses électeurs au bal de
l'Opéra et s'y prélasse dans une première loge avec un
débardeur sur chaque genou, qui porte moustache en
croc et gardenia à la boutonnière, et qui passe la moitié
de la séance de la Chambre dans la tribune du président à côté d'une Russe interlope.

Mais celui que nous voulons examiner ici de tout
près, c'est le *violent.*

Type très-fréquent aujourd'hui, et particulièrement
curieux.

Pourquoi s'est-il fait violent? C'était, paraît-il, le
garçon le plus calme du monde; et l'on raconte
que, lorsque personne ne le voit, quand il se trouve
devant deux ou trois amis intimes, il oublie le type
qu'il s'est fait, et devient doux et charmant.

Est-ce parce qu'il est roux, maigre, et qu'il a l'air
rageur? Est-ce parce qu'à dix-huit ans, il a souffleté un
insolent, et qu'il a grièvement blessé son adversaire?
Est-ce parce qu'un jour où il se mettait en colère, une
femme lui a dit : « Que tu es beau ainsi ! » Mystère.
Toujours est-il qu'il est violent et qu'il restera violent.

Violent toujours, violent partout. Naturellement, il
s'est placé parmi les plus ardents de son parti. De ce

poste avancé, il interpelle ses adversaires. Comme
règle de style, il ne nomme jamais un homme qui
n'appartient pas à son parti sans faire précéder ce nom
d'une épithète énergique : « Ce coquin d'un tel ; cette
canaille de X...; ce voleur de Z... » Cela donne à ses
propos un commencement de saveur et à son éloquence un fumet tout particulier. Puis il apprécie les
actes de ceux qu'il a ainsi qualifiés. Son procédé de
critique est simple. S'il s'agit d'une question de finances,
il déclare que l'homme qu'il juge a l'habitude d'em-
porter les couverts d'argent quand on a l'imprudence
d'inviter à dîner un tel escroc. S'il traite une question
de guerre, il fait savoir que l'adversaire en cause se
sauve au premier bruit du canon. Aborde-t-il l'instruction publique, ses contradicteurs font des fautes
d'orthographe ; la diplomatie, ils jouent à la Bourse sur
les dépêches reçues ; l'administration, ils ont des vices
honteux et emploient leurs subordonnés à recruter
pour leurs passions séniles. Enfin, d'une façon générale, il les accuse d'être laids, repoussants, mal habillés
et sales. Si l'un d'eux a vraiment des travers physiques, le dos voûté, par exemple, le violent répétera
sur tous les tons, et avec assaisonnement de plaisanteries variées : « Il est étonnant qu'un tel n'ait pas
d'esprit ; il y a pourtant un proverbe qui nous donne
le droit d'en exiger de lui. »

Chez tout autre, on trouverait ces procédés de discussion insupportables. Mais chez lui on les excuse.
« Que voulez-vous ? il est violent ; c'est son tempérament. »

Que répondre à cela ? Il s'est fait son type, il en profite. Rarement il abandonne les personnalités. Pourtant quand, plusieurs jours durant, il a parlé de la bosse de son adversaire, il faut bien délaisser ce sujet préféré. « Il est bossu, lui répond-on ; c'est entendu. Mais parlez donc de ce qu'a fait ce bossu ?

— Ce qu'il a fait, ce brigand, ce traître, cet assassin ? Il a ruiné son pays, trahi ses serments, pactisé avec l'étranger. Misérable, fripon, infâme !

— Bravo ! crient les uns. Voilà un gaillard solide et qui n'a pas peur !

— Insolent ! répondent les autres ; insulteur gagé ; ignoble calomniateur ! »

Le violent est enchanté, et il se félicite aussi bien des indignations que des enthousiasmes qu'il excite. Il veut être violent ; il ne demande pas davantage. Du moment où chacun proclame qu'il est violent, qu'il est le « *type de la violence* », ses vœux sont accomplis.

Désormais il affecte un air sombre. Jamais un sourire ne plisse ses lèvres. Il se promène seul, jetant un regard farouche sur les passants inoffensifs qui frissonnent. Son chapeau est enfoncé sur son front ; ses mains sont plongées dans ses poches ; on suppose qu'elles tourmentent des armes cachées.

Arrivé à son but, le violent raisonne ses colères. Désormais, il ne s'attaque plus qu'à des politiciens parfaitement aguerris contre les agitations de la politique, à d'autres violents, parvenus comme lui à un haut degré de sérénité.

Rien n'est intéressant comme la lutte de deux violents de cette sorte. Ils s'élancent l'un contre l'autre, armés des plus horribles injures. Le bon public s'épou-

vante. « C'en est fait, une catastrophe est inévitable. »
Le bon public ferme les yeux. Quand il les rouvre, les
deux adversaires sont occupés fiévreusement à corriger
les épreuves des interpellations terribles qu'ils se sont
adressées.

Parfois le violent se trompe, il s'adresse à un naïf
qui regimbe, et le violent dit le soir à ses intimes :

« Il y a des gens qui ont bien mauvais caractère.
On ne peut pas les traiter de drôles sans qu'ils se fâchent. »

Les violents sont aimés de la foule qui les appelle des
tribuns, car la foule s'est toujours imaginée que pour
être un tribun, il suffit de parler fort et gras.

Un tribun ! mot sublime, éloge suprême qui rappelle
l'effort le plus gigantesque que la plèbe ait fait dans
aucun temps. — Quand les aristocraties sont dégéné-
rées et inutiles, quand elles n'appuient leurs prétentions que sur les services de leurs ancêtres, quand elles
demandent à l'État plus qu'elles ne lui donnent, peu
importent leurs richesses, leur force matérielle, le
nombre de leurs serviteurs ou de leurs clients, elles
s'écroulent sans peine sous les coups du peuple ou
plutôt elles s'effondrent d'elles-mêmes ; car le seul étai
qui les maintienne debout s'appelle la reconnaissance
publique. Mais quand elles ont en partage l'éclat de
services non interrompus, quand on a eu besoin d'elles
hier, et qu'on en aura besoin demain, quand elles
paient leurs priviléges au prix de sacrifices plus pe-
sants que les priviléges ne sont désirables, l'oppression de
ces aristocraties semble indestructible. C'est pourtant
contre une aristocratie de cette espèce que les tribuns

Romains se sont levés : c'est une citadelle d'honneur et de patriotisme dont ils ont fait le siége, et quand ils attaquaient le patriciat, ils conduisaient le peuple au combat contre un ennemi formidable surtout par l'admiration qu'il inspirait. Que sont auprès des tribuns romains les vainqueurs de cette aristocratie en putréfaction qui tomba sous l'effort de la Révolution française ?

Dire d'un homme qu'il est un tribun, c'est lui décerner le plus grand des titres. En effet, les paroles qui entraînent le peuple doivent avoir un caractère d'élévation et de simplicité qui caractérise seulement les grands esprits.— « Il faut parler au peuple sa langue », a-t-on dit. Oui, dans ce que cette langue a de vigoureux et de pittoresque ; — non dans ce qu'elle a de bas et de grossier. Distinction infiniment difficile et qui si elle est faite exactement, fournit au monde ces orateurs sans rivaux qui se font un style, c'est-à-dire, une immortalité. Le peuple aime ce qu'il comprend, parlez-lui une langue simple ; le peuple aime ce qui rayonne, parlez-lui une langue noble, et dans cette langue, adressez-vous aux sentiments naturels et élevés à la fois. Pour ces sentiments-là seulement le peuple risquera sa vie, et si vous voulez mériter vraiment ce nom de *tribun*, il faut que le peuple soit disposé à risquer sa vie sur un signe de vous.

Il ne s'agit pas de crier très-fort. Vous pouvez murmurer à l'oreille de quelques amis qui sauront les redire, de ces mots qui enflamment le courage ; orateur aphone vous serez pourtant un tribun.

Il ne s'agit pas d'étaler un vaste torse sur quelque estrade gigantesque. Vous pouvez, chétif et frêle, pro-

noncer dans une salle étroite, un discours qui mettra
le fusil aux mains de toute une nation ; vous serez
pourtant un tribun.

Il ne s'agit pas d'insulter et de calomnier. Vous pouvez reconnaître les qualités de vos ennemis, les traiter
avec déférence, et néanmoins par quelque phrase terrible déchaîner contre leurs actes les colères de la multitude ; vous serez pourtant un tribun.

Il ne s'agit pas d'exciter les passions brutales.
Vous pouvez en appeler à l'amour de la justice et de
la vérité, au désintéressement, à l'abnégation, à l'héroïsme, si des masses enfiévrées de dévouement vous
écoutent, vous serez pourtant un tribun.

Tribuns, le monde est à vous. — Mais où trouver
des tribuns ? Les violents en sont la parodie. Il est
vrai qu'ils n'entraîneraient pas un homme au combat,
qu'ils n'inspireraient pas un acte d'héroïsme et que le
bruit qu'ils font ne soulève que la curiosité. Mais le
peuple a néanmoins de la sympathie pour eux.

Le peuple ne se trompe pas tout à fait ; car il leur refuse la confiance qu'il accorde aux vrais tribuns ; mais
il témoigne volontiers aux violents de l'enthousiasme.
Les violents obtiennent la popularité, cette popularité
que l'on conquiert si difficilement par les services
rendus. C'est qu'il faut bien le dire : les foules aiment
mieux qu'on serve leurs haines que leurs intérêts.

Donner à un vice universellement méprisé l'apparence d'une vertu entourée des respects de tous, c'est la suprême habileté. « *L'homme de bonne foi* » (qui prend aussi le titre « *d'ami de la France* »), possède cette habileté suprême.

Quand on a fait choix d'un parti, il arrive souvent qu'on regrette sa résolution. D'ordinaire, au moment où l'on a entrepris une carrière de politicien, on s'est jeté dans une faction à corps perdu ; on a voulu se distinguer par son zèle, afin d'acquérir la confiance des chefs ; on a exagéré les principes, on a insulté les adversaires ; on a célébré la gloire suspecte des amis, puis on a pris sa place élevée ou médiocre dans la hiérarchie du parti. Mais ce parti où l'on s'est bravement compromis et qui vous a récompensé de votre dévouement en vous accueillant, s'attarde dans l'opposition ; l'heure de sa venue au pouvoir ne sonne pas ; ses espérances sont éloignées ; il faut le quitter. Si l'on en sortait cyniquement pour offrir ses services au parti triomphant, on exciterait le mépris. Non-seulement on irriterait ses amis, mais on serait reçu froidement par ceux auxquels on viendrait à titre de transfuge, et l'on pourrait bien rester entre les deux camps exposé aux risées des uns et des autres. On veut cependant faire une évolution utile. Comment y parvenir ?

Ce ne sont pas d'ordinaire les meneurs d'un parti (ce parti fût-il vaincu) qui songent à cette évolution. Ils trouvent dans leur opposition assez d'avantages pour courir le risque d'y demeurer toujours. Ce ne sont pas non plus les soldats obscurs dont la défection ne serait pas assez largement payée. Ce sont les partisans de second ordre qui jouissent de quelque importance. Dans un parti arrivé au pouvoir, ils trouveraient de sérieux profits et ils participeraient fructueusement au gouvernement. Dans un parti d'opposition, ils végètent sans grand honneur et sans réel bénéfice. Ils se disent donc qu'il faut aller au parti victorieux.

Quand un de ces hommes médite une telle évolution, il présente des symptômes qui ne trompent pas un observateur exercé. Le premier, le plus caractéristique de ces symptômes, c'est l'intervention du mot *bonne foi* dans les écrits ou dans les paroles du politicien qui veut se convertir. Jusque-là, partisan résolu d'une opinion, il avait prôné ses idées envers et contre tous et en avait déduit nettement toutes les conséquences sans se préoccuper de la vérité ou de la justice. Pour défendre ses préférences, il oubliait la logique et raillait le bon sens. Que lui importaient les contradictions ? Politicien affamé n'a pas de cervelle. Il n'avait qu'un criterium

pour tout événement ou pour tout raisonnement.
« L'événement est-il utile au parti ? Le raisonnement
est-il favorable au parti ? »

Aujourd'hui, un élément nouveau se mêle à ses
préoccupations, la *bonne foi.*

« Je suis de *bonne foi*, écrit-il, et bien que tel acte
soit nuisible aux intérêts de mon parti, je l'approuve,
parce qu'il est conforme aux règles de la justice et de la
raison. On a destitué un fonctionnaire qui nous était
sympathique. Je le déplore comme homme de parti,
mais je le comprends comme homme de bonne foi ;
un gouvernement a le devoir d'exiger de ses serviteurs
une fidélité à toute épreuve. On a voté une loi qui me
semble excellente ; certes, je devrais, si j'étais animé de
l'esprit de parti, y rechercher des défauts ; mais je suis
de *bonne foi* et je reconnais qu'elle constitue une importante réforme. Le gouvernement a conclu un traité
à l'avantage de nos nationaux ; c'est encore une mesure parfaite et à laquelle la *bonne foi* m'oblige d'applaudir. »

Le public est d'ordinaire charmé de cette transformation. « Voilà qui est bien pensé et bien parlé, disent
les bonnes gens. Nous trouvons enfin un homme d'honneur. Il a prouvé maintes fois son dévouement à son
parti. Aujourd'hui, sans que ce dévouement diminue,
il prouve son amour de la vérité. »

Notre politicien se trouve désormais classé. Pour le
public, il a nom « *l'homme de bonne foi*», mais l'observateur perspicace devine ce qui se passe dans l'esprit de *l'homme de bonne foi ;* il le suit de l'œil et le
guette, attendant une défection qui ne manquera pas.

Tout en proclamant que ses appréciations sont inspirées par le seul amour de la vérité, *l'homme de bonne foi* multiplie ses protestations de dévouement au parti dont il veut se retirer. Ces protestations seront accueillies avec joie par les adversaires du parti ; en effet, elles donnent plus de poids aux éloges que fait de temps en temps *l'homme de bonne foi ;* elles permettent de publier des choses de ce genre : « Un des chefs du parti que nous combattons, un des chefs les plus résolus et les plus intraitables, puisqu'il disait hier encore qu'il donnerait sa liberté, sa fortune et sa vie pour le triomphe de sa cause, est bien obligé de reconnaître les mérites du gouvernement. Bien qu'il lui en coûte, il avoue que notre commerce extérieur fait d'énormes progrès, et que les nations étrangères deviennent peu à peu nos tributaires. C'est un ennemi, mais c'est un *homme de bonne foi.* »

L'homme de bonne foi se garde de critiquer la conduite des chefs de son parti. Il laisse cela aux politiciens qui ne réussissent pas. Mais quelquefois il jette une note découragée dans le concert obligé des satisfactions bruyantes.

« Les merveilleuses intelligences qui guident notre parti se montrent plus brillantes encore au milieu des obstacles qui surgissent de toutes parts. Quoi de plus admirable que de les voir lutter contre la mauvaise fortune qui s'attache à nous ! Rien ne les rebute et un échec les anime au combat comme fait la victoire pour les âmes vulgaires. Louons-les de ne pas désespérer. »

Et les adversaires de saisir l'aveu au passage : « Certes nous blâmons la manière de voir de X... Sa fidélité à un parti dont nous haïssons les doctrines nous le rend odieux, mais il faut reconnaître que du moins il a de la bonne foi. La situation désolante de ses amis n'échappe pas à sa perspicacité, et il s'émerveille de rencontrer encore chez eux quelque espérance. »

La troisième étape n'est pas loin ; l'homme de bonne foi va la franchir. La raison publique est avec lui, il faut maintenant conquérir la sentimentalité publique. Pour cela, il exécute des variations sur le thème suivant : « Au milieu du choc des partis, il est une victime que chacun oublie et même sur laquelle chacun frappe, c'est notre noble France, c'est notre pauvre patrie. L'un est partisan de la monarchie, celui-ci de la république ; l'un songe aux classes déshéritées, l'autre s'occupe des classes dirigeantes. Où est l'*ami de la France* ? Ah ! groupons-nous enfin autour d'elle ! Qu'est-ce que l'intérêt d'un parti à côté de celui de cette mère bien-aimée ? Formons, formons tous un grand parti, le parti de la France ! »

Et un enthousiasme immense saisit la foule. On bat des mains ; on acclame l'éloquent patriote.

L'observateur qui sait cependant où veut en venir *l'homme de bonne foi* est contraint de faire comme les autres et il applaudit à ces nobles sentiments. Personne n'ose répondre à *l homme de bonne foi* : « Farceur ! que parles-tu d'aimer la France sans te préoccuper de ton parti ? Si tu avais fait choix de l'opinion à laquelle tu t'es attaché, parce que cette opinion te semblait juste et utile au pays (ce qui était ton devoir), l'intérêt de ton parti se confondrait pour toi avec l'intérêt de la France. Tu te dirais : « En servant le part

auquel je me suis rallié, parce qu'il me semblait le
meilleur, je sers la France au degré le plus éminent,
puisque je m'efforce de lui procurer le gouvernement
que je juge le plus utile au bien public. Au contraire,
en délaissant les intérêts de mon parti, je délaisse ceux
de la France, puisque je diminue les chances qu'elle a
d'être bien gouvernée. » Mais, tu t'es joint à ton parti
par des raisons de pur intérêt personnel, et tu avoues
les motifs misérables qui t'ont poussé, quand tu con-
viens que pour toi les intérêts de ton parti de prédi-
lection sont distincts des intérêts de ton pays. »

Mais nul n'a l'audace de parler ainsi. On aime bien
mieux hurler avec le bon Français, et *l'homme de bonne
foi* devient *l'ami de la France.* Dès lors, toutes les pa-
linodies lui sont permises, toutes ses défections deviennent méritoires ; il a le droit d'être brutal, grossier, illogique ou inepte. Sa personne semble sacrée,
son opinion inattaquable. Dès qu'on essaie de lui répondre, il déclare qu'on est un mauvais citoyen, et
beaucoup d'autres le déclarent avec lui, car il a trouvé
un parti déjà tout formé qui l'a accueilli à bras ouverts,
le parti des « Français », le parti des gens qui, plus
malins que notre *homme de bonne foi,* se sont tout d'a-
bord imaginé de faire de la politique sans choisir
aucun parti, se réservant de se rallier à leur heure au
parti qui leur procurerait le plus d'avantages. Ces gens-
là ont fait de la patrie leur gagne-pain, jusqu'au jour
où ils trouveront meilleure provende, en exploitant la
république ou la monarchie. Notre *homme de bonne foi*
reçoit leurs compliments et leurs encouragements.
Mais il n'a pas parcouru tant de chemin pour rester

parmi eux. Il y fera cependant une station assez longue pour que le public tout entier ait le temps de constater cette nouvelle transformation. Puis, quand chacun saura bien que *l'homme de bonne foi* n'a plus d'autre préférence que le bien public, cet honorable personnage, sûr des sympathies, s'acheminera doucement vers le gouvernement qu'il entend servir. « Notre pauvre France, dira-t il (car il ne prononce jamais ce nom sans une épithète larmoyante), notre pauvre France a besoin de calme et de stabilité. Ceux qui voudraient substituer au gouvernement actuel un régime différent seraient bien coupables, car une révolution tuerait notre patrie infortunée. Il faut que tous les bons citoyens donnent leur concours au pouvoir qui existe, non point parce qu'ils aiment ce pouvoir, mais parce qu'ils aiment la triste France, saignante et mutilée. »

Du conseil donné à la mise en pratique du conseil il n'y a qu'un pas. *L'homme de bonne foi, l'ami de la France*, franchit bien vite ce pas. Il accepte, pour le bien du pays et seulement pour le bien du pays, une fonction lucrative. Alors les yeux de ses anciens amis se dessillent tout à coup et les injures pleuvent sur le transfuge. Mais l'opinion publique est avec lui. « Il aime bien son pays, cet homme ; il lui a tout sacrifié, même ses préférences. »

Le tour est joué.

Gardez-vous des politiciens qui ne réussissent pas. Rien de plus insupportable que leur haine, rien de plus encombrant que leur déception ; ils enragent et non sans motif, car ils ont beau se demander pourquoi un tel a réussi et pourquoi ils n'ont pas réussi, ils ne peuvent se donner à eux-mêmes aucune réponse plausible et nul ne saurait la leur fournir.

« Est-il plus savant, plus éloquent, plus habile, plus intrigant que moi, celui qui vient d'arriver à la Chambre ? Était-il plus disposé que moi aux capitulations de conscience, celui auquel on a confié la meilleure des préfectures ? S'est-il montré plus prodigue de promesses vaines, celui qui entre aujourd'hui au ministère ? Non. Pourquoi donc a-t-il toutes les chances, tandis que je recueille tous les échecs ? »

Dans les autres carrières, le vaincu comprend d'ordinaire les raisons de sa défaite. Il a beau protester tout haut, crier à l'injustice, se donner pour un grand homme incompris, l'importune vérité qui réside au fond du cœur de chacun de nous lui crie : « Tais-toi ; celui-ci a du style et tu écris mal ; tes vers sont plats, les siens sont vivants. Tu n'as ni imagination ni invention, tu peins lourdement, vois comme l'air se joue dans ses paysages. Écoute-le parler : admire sa véhémence et l'éclat de ses images. Contemple le palais qu'il a construit, vois la figure que fait à côté la bâtisse que tu viens de terminer. As-tu découvert quelque chose ? Apprécie les procédés avec lesquels il fabrique à meilleur compte et mieux que toi. »

Et l'écrivain, le poëte, le peintre, l'architecte, l'industriel reconnaît involontairement la supériorité de son rival qui triomphe. Il s'en irrite ; mais du moins, il n'a pas ce double supplice d'être écrasé sans même comprendre pourquoi.

Le politicien, au contraire, ne peut pas s'expliquer les raisons de la préférence que la fortune montre pour ses émules. En vain interroge-t-il cette vérité toujours prête à parler, la vérité consciencieuse lui répond : « Tu étais aussi digne du succès que lui. » Et le politicien se sent lésé, comme si on lui avait pris sa part d'un bien auquel il avait droit.

Les politiciens qui ne réussissent pas (et ils sont nombreux, car la politique attire beaucoup d'hommes), appartiennent à tous les partis ; aux partis qui triomphent comme aux partis qui restent écartés du pouvoir. Les partis qui triomphent ont leurs amis de la

veille et leurs amis du lendemain, amis trop nombreux
et trop exigeants. Il faut faire un choix, si bien qu'il
reste toujours une armée de mécontents déçus, qui
s'irritent d'autant plus de cette déception que le triomphe de l'idée qu'ils défendaient semble plus éclatant.

Tel le joueur qui supportait avec philosophie la mauvaise fortune, s'emporte et vocifère quand il trouve le
moyen de perdre au moment même où la banque,
contre laquelle il joue, s'effondre sous les coups des
autres joueurs.

Les partis qui n'arrivent pas au pouvoir ont aussi
leurs politiciens déçus et grincheux. La destinée des
meneurs d'un parti vaincu est souvent très-fortunée.
Beaucoup rencontrent dans la défaite même de leur
parti une bonne fortune toute particulière. Capables
uniquement de récriminer et de blâmer, ils trouvent
dans l'opposition l'emploi de leurs aptitudes. Le Parlement s'ouvre souvent devant eux; parfois c'est la
presse ou le barreau politique qui leur donne la célébrité. Mais par quelque moyen que ce soit, ils tirent
de leur situation d'opposants des avantages singuliers,
et la préfèrent mille fois à celle qui leur ferait le triomphe
de leur parti; car ils seraient obligés alors d'agir au
lieu de s'indigner, ils pourraient perdre leur popularité et même être supplantés par les plus obscurs de
leurs amis. Aussi verraient-ils avec inquiétude arriver
le jour de la victoire; mais tant que ce jour n'est pas
venu, ils jettent un éclat merveilleux.

Le politicien qui ne réussit pas a donc quelque chose
à envier, lorsque son parti n'est pas au pouvoir, et il

semble même que ces avantages mal définis que possè-
dent les meneurs de l'opposition excitent les plus vives
compétitions. Quoi qu'il en soit, le politicien qui ne
réussit pas, qu'il appartienne au parti de l'opposition
ou à celui du gouvernement, a des procédés identiques.

Il commence par faire une cour assidue aux hommes
importants de son parti. On ne rencontre que lui dans
leur voisinage ; il les admire et les flatte. A peine l'un
d'entre eux a-t-il lancé une interruption à la Chambre, publié un entre-filet dans un journal, qu'il reçoit
un mot de félicitation du politicien qui ne réussit
pas. L'enthousiasme de celui-ci éclate à tout propos,
dans ses conversations, dans ses lettres, dans ses écrits.
Mais cet enthousiasme ne se borne pas aux paroles, ce
sont les actes qui en prouveront l'étendue. Aussi notre politicien cherche-t-il l'occasion de rendre service.
Tout lui est bon pour cela ; il risquera la prison pour
se mêler à un complot, et il s'en ira réclamer chez la
modiste la commande qu'y fit la femme d'un des principaux chefs. Rien ne le rebute, rien ne lui répugne.
Pour faire croire à son dévouement, il irait jusqu'à
être vraiment dévoué. Donnez-lui une lettre à porter,
il attendra quatre heures durant la réponse, en se promenant devant la porte ; confiez-lui un journal, il rédi-
gera à votre guise le premier Paris ou les annonces ; en-
rôlez-le pour une élection, il collera les affiches ou ha-
ranguera les populations.

Mais les années se passent et ce zèle ne reçoit pas sa
récompense. On ne procure même pas à notre politicien l'occasion d'être battu. Ce sont toujours les au-

tres qui donnent ou reçoivent les coups ; lui reste invaincu et subalterne. Un commencement d'impatience se fait jour dans son cœur. Un beau matin, voilà qu'il s'en va faire visite au meneur le plus autorisé du parti.

Ce jour-là le politicien parle un peu plus haut qu'à l'ordinaire, et, au bout de trois heures d'attente dans l'antichambre, il manifeste des velléités d'impatience ; il s'informe auprès du valet de pied ; comment se fait-il qu'on ne l'introduise pas ? Le valet de pied s'étonne : « Mais monsieur n'attend que depuis trois heures. » Le valet de pied se rappelle que quinze jours auparavant le politicien, arrivé à neuf heures du matin, ne fut introduit qu'à quatre heures de l'après-midi. Que se passe-il donc dans l'âme du politicien ?

Enfin la porte s'ouvre : « Entrez, mon cher ami, fait le grand chef. Qu'avez-vous donc à me dire de si pressé ?

— La circonscription d'Avelines est vacante depuis hier soir. J'y ai des parents et des amis, et je viens vous faire part de mon intention d'y poser ma candidature. Vous connaissez mon dévouement à la cause.

— Voilà une bonne idée, mon cher ami ; je pensais aussi à vous, car vous savez combien je voudrais vous voir près de moi à la Chambre. Seulement il faut attendre encore, consulter nos amis. La discipline est le salut d'un parti. Je vous ferai part de notre détermination.

Quinze jours se passent. On fait venir le politicien : « C'est Lérand que nous avons choisi à mon grand regret ; mais il a peut-être plus de chances que vous.

« — Plus de chances ! il n'a jamais mis les pieds dans le pays.

— Cela évite les animosités personnelles.

— Il ne sait pas parler.

— Du moins il ne se compromettra pas par ses discours. Du reste, il n'y a rien à faire, nos amis ont décidé. »

Le politicien sort furieux. La vérité qui réside au fond de sa conscience et qu'il interroge, lui répond : « Tu vaux mieux que Lérand, on te fait une injustice. »

Le politicien a des idées de révolte. Pourquoi ne se présenterait-il pas aux électeurs ? Mais l'habitude de la soumission l'emporte encore. « On m'a fait une injustice, se dit-il, profitons-en. » Et le voilà briguant une place, si son parti est aux affaires ; réclamant quelque poste de confiance, la rédaction d'un journal, l'entrée dans une société financière dirigée par des amis politiques, si son parti est vaincu.

Mais la velléité d'indépendance qu'il a témoignée, en songeant à poser une candidature sans avoir consulté personne, a produit un mauvais effet. On l'accueille poliment, mais on l'ajourne. D'autres sont choisis à sa place. Se sont-ils montrés plus soumis, ont-ils simplement meilleure chance ? Qui le dira ?

Le politicien qui ne réussit pas s'indigne de plus en plus. Son obscurité lui pèse. Le moment vient où il veut faire quelque chose, n'importe quoi, mais quelque chose.

C'est l'heure des candidatures fantaisistes et bruyantes. S'il est républicain, il ira se présenter dans

quelque bourg pourri du bonapartisme; où de père
en fils on élit les anciens familiers des Tuileries. S'il
est libre penseur, c'est au fond de la Bretagne qu'il
luttera contre un député élu six fois de suite. S'il est
bonapartiste, le voilà qui couvre d'affiches les murs
d'un faubourg tout dévoué à la Commune.

Le politicien a un jour de bonheur. La tentative
intéresse et fait sourire. On lui consacre quelques
lignes demi-bienveillantes, demi-ironiques. Du reste
les chefs du parti n'approuvent point. Ils trouvent
qu'il est fort audacieux de prétendre subir une défaite
sans leur consentement, et comme ils veulent avoir
autorité même sur les défaites à subir, ils jugent qu'on
a porté atteinte à leur pouvoir ; le politicien est jaugé
désormais, rien à attendre de lui.

L'infortuné s'agite, se démène. Il veut au moins
faire du bruit en échange de l'humiliation qu'il va
supporter. Enfin le jour de l'exécution arrive. Huit
cents voix ! Rire général. Bah ! si l'on pouvait toujours rire de lui, le politicien se consolerait ; du moins
l'obscurité ne le reprendrait pas. Hélas ! cette obscurité
le saisit de nouveau. Comment y échapper ?

Nous sommes au moment psychologique de l'inévitable brochure.

La brochure ne fait jamais défaut. Suivez de l'œil
un politicien qui ne réussit pas, un jour ou l'autre
vous verrez surgir la brochure.

Si le politicien est honnête homme, la brochure a
pour titre : *Où nous en sommes ; ce qu'on aurait dû
faire*, ou quelque chose d'approchant. C'est toujours

une attaque virulente contre le parti auquel appartient le politicien et l'énumération des fautes que ce parti a commises : « On a réussi, mais si l'on avait agi autrement, le succés serait durable, tandis que tout va s'écrouler. On a échoué et pourtant on avait tous les atouts dans son jeu. Mais on a suivi certaine politique, employé certains hommes, prêché certaines doctrines ! »

La critique est souvent très-juste. Le politicien qui ne réussit pas a vu de prés son parti ; il en connaît le fort et le faible. Puis il a beau jeu, en blâmant, après l'événement, des gens qui d'ordinaire ne pouvaient prévoir ce qui est advenu. Si bien que les adversaires commentent la brochure et en montrent le bien fondé. Le politicien a un nouvel instant de joie et d'espérance. « On va comprendre, pense-t-il, que je suis plus fort que les autres. Les chefs vont m'appeler dans leurs conseils. »

Les chefs ne bougent point. Ils en ont vu bien d'autres et les attaques de l'infortuné politicien les émeuvent modérément.

Si le politicien n'est pas un honnète homme, sa brochure sera intitulée : *Révélations sur nos hommes d'Etat ; mémoires d'un indiscret*, ou quelque titre analogue.

Comme il aura pu voir beaucoup, deviner quelque peu, il lui sera facile d'inventer énormément. Il décrira la vie intime de ses amis, leurs défauts physiques ; il insinuera qu'ils ont des vices et les menacera de révélations écrasantes derrière lesquelles apparaît, dans une brume transparente, un président de Cour d'assises.

Le tapage est énorme. La brochure est reproduite en entier par les journaux hostiles. Le politicien croit que sa fortune est faite. « On me craindra désormais, dit-il. J'ai le choix entre deux résolutions : rentrer triomphant dans le parti dont j'ai déshonoré les chefs ou prendre place dans le parti auquel j'ai fourni des armes. » Pendant qu'il délibère, quelque nouveau scandale se produit. On oublie le politicien et sa brochure. Et quand il se présente à l'un ou à l'autre des deux partis, il trouve porte close. D'un côté on lui dit : « Nous n'avons plus peur de vous, puisque vous avez dit tout ce que vous saviez, » et de l'autre : « Nous n'avons plus besoin de vous, puisque vous nous avez donné tout ce que vous aviez. »

Infortuné politicien, que va-t-il devenir ? Il errera tristement sur la lisière de tous les partis jusque vers l'âge de quarante ans, renouvelant ses tentatives, s'offrant à tous, accepté pour un instant, repoussé le lendemain, reprenant de temps en temps ses critiques démodées ou ses révélations déflorées, tirant des coups de pistolet qui ne font plus retourner la tête de personne et posant des candidatures dont ne rient même plus les électeurs.

A quarante ans, il s'arrête et réfléchit. S'il n'est pas honnête homme, il dégringolera plus bas encore. Sa fortune, s'il en a jamais possédé, s'est usée à ce jeu. De la révélation il tombera au chantage, du journal politique au pamphlet anonyme, de la candidature à la mendicité à domicile.

S'il est honnête homme, il prendra une résolution

virile; il se fera bottier et il s'en ira chez ses anciens amis politiques. « Monsieur le ministre, dira-t-il, vous avez jugé que je n'étais pas apte à la politique; je vous affirme que je suis fait pour la cordonnerie. » Et monsieur le ministre lui enverra une commande.

Le politicien qui n'a pas réussi mourra millionnaire à condition qu'il fasse des bottes.

QUATRIÈME PARTIE

LES POLITICIENS A L'ŒUVRE

———

PARDON, MONSIEUR L'AUTEUR.

Pardon, monsieur l'auteur. C'est par ces mots que nous aurions interrompu nos études sur les politiciens, et ces mots nous les aurions placés dans la bouche de *l'ami lecteur*, si ce livre avait été écrit il y a quelque cinquante ans. « Pardon, monsieur l'auteur, aurions-nous fait dire au lecteur, arrêtons-nous un instant et laissez-moi vous expliquer ce qui m'embarrasse. » Et le lecteur eût posé à l'auteur quelques objections dont naturellement celui-ci aurait triomphé sans effort.

Après tout, pourquoi dédaigner cette forme du dialogue supposé entre l'auteur et le lecteur ? Elle permettait de présenter les diverses opinions d'une façon plus piquante. L'idée devenait plus précise en passant par la bouche d'un personnage fictif. L'attaque et la riposte se dégageaient mieux, et si l'auteur avait de l'esprit, il pouvait préparer des parades brillantes qui plaisaient fort au public.

Au surplus, nous avons déjà dans ce livre manqué à toutes les règles de l'art moderne, car l'art moderne ne connaît plus qu'une forme littéraire pour exprimer des idées, la forme du *roman.*

Qu'un penseur trouve dans le Code une disposition blessante pour l'intérêt social et vexatoire pour les particuliers, que par exemple il juge que la surveillance de la haute police est négative du droit de tout homme au travail et au repentir, le voilà forcé, pour donner son avis, d'inventer une longue et dramatique histoire. Ce sera un brave commerçant marié à une honnête femme. Il est heureux, il prospère, mais il a failli jadis. La surveillance pèse sur lui. Un jour il lui faut partir pour Paris où son vieux père mourant l'appelle. Il oublie tout, et à peine descendu de wagon, il est arrêté sous prévention de rupture de ban. Sa fortune s'écroule, son vieux père meurt de chagrin, sa femme s'empoisonne et sa fille tombe dans l'inconduite.

Pourquoi le penseur est-il obligé de se livrer à ce jeu frivole ? Pourquoi ne soutient-il pas simplement et éloquemment, s'il le peut, sa thèse. C'est que l'art moderne exige l'intervention du roman, le lecteur est si futile et si paresseux que pour lui faire accepter une idée il faut lui raconter des histoires comme aux petits enfants.

Donc nous avons déjà manqué aux principes de

l'art actuel en écrivant ce livre sur les politiciens, sous la forme de portraits et d'observations. Pour nous conformer aux règles du jour, il eût fallu placer nos personnages dans le cadre d'une histoire mouvementée : Un politicien auquel nous eussions donné les traits particuliers de cent de ses émules, eût aimé passionnément la femme d'un de ses adversaires. Adultère, rendez-vous, scène de boudoir, description du lit, du canapé et du lavabo. Le mari sait tout ; mais il a besoin du vote de l'amant. Il pardonnera à sa femme à condition que le politicien passera du centre droit au centre gauche. Nous voici à la Chambre des députés. Description exacte des couloirs et de la buvette ; types de députés avec indiscrétions et initiales. L'amant hésite. Intervention d'un député bonapartiste, homme d'esprit, qui connaît toute l'affaire et qui depuis le premier chapitre émaille le dialogue de réflexions mordantes. Le bonapartiste suscite une drôlesse diplomatique qui est intéressée à la prospérité du centre droit. La drôlesse (peinture de son salon, portrait du comte hongrois, de l'ambassadeur ottoman, du margrave et du landgrave) séduit le mari et lui promet ses faveurs s'il passe du centre gauche au centre droit, ce qui annulerait la défection de l'amant. Le mari, amoureux ardent et politicien obstiné, concilie sa fidélité aux principes et son amour en prenant de force la drôlesse ; puis satisfait il s'en va voter avec le centre gauche. L'amant éperdu veut sauver à tout prix l'honneur de sa belle ; il vote aussi avec le centre gauche ; puis il se brûle la cervelle... mais la république est fondée.

Peut-être un tel scenario, si conforme au goût du public, eût assuré à ce livre un légitime succès. Mais puisque nous n'avons pas cru devoir l'adopter, continuons à dédaigner les règles les plus élémentaires et entamons avec le lecteur un dialogue animé :

Le lecteur. — Pardon, monsieur l'auteur, arrêtons-nous un instant et laissez-moi vous expliquer ce qui m'embarrasse.

L'auteur. — Parlez, mon cher lecteur, je vous ai fait venir dans ce chapitre uniquement pour cela.

Le lecteur. — Si j'ai bien compris votre définition, le politicien est l'homme qui s'est absolument adonné à la politique, qui a fait de la politique sa spécialité. Or, à en juger par les portraits que vous tracez du politicien et par les appréciations dont vous accompagnez ces portraits, vous semblez penser que le gouvernement par les politiciens est un des plus détestables qui existent. Comment arrivez-vous à cette conclusion? Un politicien qui sait la politique, qui s'est concentré dans cette étude, doit avoir chance de gouverner mieux que personne. Il est à son affaire quand il gouverne, comme le tailleur qui fait des habits ou l'orfèvre qui fait des bijoux. A chacun son métier. Au vacher les vaches, au politicien la politique.

L'auteur. — Vous êtes subtil, mon cher lecteur, et j'aurais, si je le voulais, le droit de me dérober à vos questions, en vous répondant que vous avez deviné ce que je n'ai jamais pensé. J'ai peint les politiciens tels que je les voyais, sans porter sur eux un jugement formel. Si la peinture paraît peu séduisante, prenez-vous-en aux modèles. Du reste, c'est l'évidence qui don-

nera la mesure de leur mérite et la France gouvernée
par eux dira, par sa prospérité ou par sa décadence,
quelle est la valeur de ses nouveaux maîtres.

Le lecteur. — Les États-Unis l'ont déjà dit. Vous
proclamez qu'ils sont gouvernés par des politiciens, et
cependant ils prospèrent chaque jour.

L'auteur. — En êtes-vous bien sûr ? Les États-Unis
ont été fondés et dirigés tout d'abord par des hommes
d'État qui représentaient l'élite de toutes les classes du
pays. C'est seulement depuis quelques années que la
nation, devenue mercantile, a abandonné à quelques
spécialistes le soin de la gouverner et que les hommes
considérables se sont désintéressés des affaires publiques. Qu'en est-il résulté ? Les plus honteuses dilapi-
dations ont été divulguées aux yeux du monde; les
budgets des villes ont été effrontément pillés ; la magistrature est ouvertement vénale, et les luttes électorales ont pris un caractère odieux de sauvagerie. Mais
en fût-il autrement, que prouverait l'exemple de l'A-
mérique? L'Amérique n'est pas gouvernée, à proprement parler. Chez elle pas d'administration, pas d'intervention du pouvoir dans les affaires des citoyens.
Le gouvernement des choses publiques se borne aux
questions de police, qui sont du reste en général fort
insuffisamment résolues, à l'établissement d'un budget
médiocre, à l'exécution de quelques minces travaux
publics, aux modifications législatives dans chaque
État, modifications fort rares aujourd'hui, et à des relations extérieures de minime importance.

Qu'est cette besogne comparée à celle qui incombe
à notre gouvernement?

L'équilibre de budgets énormes, énormes parce que
ces budgets servent à payer des dépenses de cultes,
d'administration, d'armée, etc. (dépenses presque inconnues en Amérique), et à régler un arriéré formidable dont la dette écrase le pays ; la disposition de la
vie même de chaque citoyen par les lois militaires,
d'incessantes réformes à un ensemble de lois vicieuses ;
les rapports avec les puissances étrangères dont dépend l'existence même du pays ; l'administration dé-
partementale et municipale qui entre dans les plus petits
détails ; la résistance à des partis armés constamment
en guerre ; telle est l'œuvre que doit accomplir le gouvernement français Quelle disproportion avec la tâche
des politiciens américains ? Et s'il suffit là-bas de quelques hommes spéciaux, il ne faudrait pas moins ici que
l'élite de tout ce que le pays compte d'esprits éminents.

Le lecteur. — Et que pourraient ces esprits éminents ? Prenez vos écrivains, vos financiers, vos industriels, vos généraux, vos agriculteurs, fussent-ils les
premiers du monde, comment feront-ils de la politique,
eux qui ne savent pas la politique ?

L'auteur. — Faire de la politique ! c'est un mot vide
de sens ; il n'y a pas de politique.

Le lecteur. — Voilà un étrange paradoxe.

L'auteur. — Il n'y a pas de politique. Ayez au ministère de l'intérieur un général fidèle qui réprimera
toute tentative d'émeute ; aux finances, un banquier
habile qui aura fait ou augmenté sa propre fortune ;
aux travaux publics, le premier de vos ingénieurs ; à
la guerre, le plus capable de vos maréchaux ; à la ma-

rine, votre amiral le plus expérimenté; à l'instruction publique, le plus illustre de vos écrivains; au commerce, le directeur d'une grande entreprise industrielle; aux affaires étrangères, un diplomate qui ait fait ses preuves, et la politique n'interviendra jamais, par cette bonne raison qu'elle n'existe pas.

Le lecteur. — Vous plaisantez. Oubliez-vous les partis qui susciteront des difficultés?

L'auteur. — Mon général, ministre de l'intérieur, est là pour résoudre ces difficultés. Tant que les partis se contenteront de haïr le gouvernement, mon général s'occupera de réparer les mairies et encouragera les préfets à donner de beaux bals dans leurs préfectures. Quand les partis voudront passer de la haine à la révolte, mon général aura toute la compétence nécessaire pour traiter énergiquement ce genre d'affaires.

Le lecteur. — Mais les Chambres, les interpellations, les questions, les critiques, les coalitions? Comment votre général se dirigera-t-il au milieu de ces écueils? C'est pour les éviter qu'il faut au pouvoir des politiciens rompus à la tactique parlementaire.

L'auteur. — Erreur! Si le gouvernement est assuré de la majorité dans les Chambres, parce qu'il est assuré de la majorité dans le pays, peu lui importe tous les efforts et tous les projets de ses adversaires. Qu'il envoie, pour répondre aux discours dont l'opinion publique pourrait s'émouvoir, quelques-uns de ces avocats à tout faire, qu'on nomme des ministres sans portefeuille et qu'il choisira parmi les illustrations de la parole; ceux-là feront le métier qu'ils savent, le métier de parleurs, et ils le feront bien; mais ils ne se mêleront pas à la conduite des affaires qu'ils ignorent. Ils discuteront à la place des ministres qui, très-compétents, chacun dans sa spécialité, manquent peut-être d'éloquence. Ce ne seront pourtant pas des politiciens, ce seront simplement des orateurs déjà célèbres dans leur art.

Le lecteur. — Et qui sauront la procédure, mais qui ignoreront la politique.

L'auteur. — Quelle politique, bon Dieu? Tout homme intelligent est capable de répondre aux reproches éternellement monotones des oppositions, à ces incessantes lamentations sur la perte des libertés, sur les persécutions subies, sur le mauvais état des affaires. Par exemple, cet homme intelligent ne saura sans doute pas, comme le politicien de profession, agir sur la conscience des membres de la Chambre, trafiquer avec eux de leur vote ; mais quand un gouvernement a les sympathies publiques, et par conséquent la majorité dans le parlement, de telles pratiques ne sont pas nécessaires.

Le lecteur. — Mais si ces sympathies et cette majorité font défaut au gouvernement?

L'auteur. — En ce cas, toutes les manœuvres des plus merveilleux politiciens du monde n'y suppléeraient pas, et ne retarderaient pas une chute inévitable. Je ne vois donc pas quel inconvénient présenterait l'absence des politiciens ; mais je vois clairement l'avantage qui résulterait de la présence, à la tête de chaque département ministériel, d'un homme rompu à l'étude des intérêts qu'il est chargé de diriger.

Le lecteur. — Je veux bien que des ministres expérimentés dans leur spécialité apportent au pays un élément de prospérité. Mais il faudra qu'ils aient au-dessous d'eux des collaborateurs de leur mérite.

L'auteur. — Certes, et comme ils auront vécu avec les hommes distingués de leur spécialité, ils choisiront des subordonnés bien au fait de la mission qu'ils leur conféreront. Le ministre politicien, au contraire, a toutes ses relations parmi les politiciens; en eux, il met toutes ses complaisances. De sorte qu'il peuple les postes subalternes de titulaires aussi ignorants de leur fonction qu'il est lui-même ignorant de la sienne.

Le lecteur. — Eh bien! excluez les politiciens des ministères spéciaux, et confiez ces ministères aux hommes illustres dont les travaux se rapportent aux finances, au commerce, à l'instruction, etc...

L'auteur. — Et laissons aux politiciens ce que vous appelez la politique, c'est-à-dire la direction des affaires générales. Croyez-vous que, dans ces conditions, vos hommes illustres se soucieront de collaborer en subalternes à une œuvre qui aura de pareils promoteurs? Ce qu'il y a de plus terrible, en effet, dans l'avénement des politiciens, c'est que cet avénement éloigne des affaires toutes les forces intellectuelles du pays. Lorsque le politicien apparaît, l'indifférence publique succède bien vite à l'intérêt passionné qui d'ordinaire s'attache aux choses de l'État. C'est ce qui s'est produit en Amérique où un gentleman rougirait de briguer une fonction, et où on laisse l'omnipotence à la canaille politicienne. Comment les hommes de grande valeur viendraient-ils apporter leur concours au gouvernement, quand ils voient quelque incapable, obscur

la veille, porté par le hasard au pouvoir suprême? Non;
à mesure que le politicien prendra plus d'influence,
l'homme de mérite se cantonnera dans ses occupations
et laissera l'État plus isolé. Voyez-en déjà le symptôme.
Les préfectures sont absolument livrées aux politiciens.
Quel est l'homme de valeur qui daigne accepter une
de ces places jadis si enviées même par des esprits
distingués? Le vide se fait; bientôt il sera complet. Et
le jour n'est pas loin où l'on dira comme en Amérique :
« Quoi ! vous recevez ce monsieur, vous ne savez donc
pas qu'il est sénateur? »

Le lecteur. — On aime bien trop les fonctions publiques en France pour que cela arrive jamais.

L'auteur. — On les aimait parce qu'elles donnaient
considération, estime, importance. Aujourd'hui on les
aime moins, parce qu'elles ne donnent plus que de
l'argent et peu d'argent. Demain on les méprisera.

Le lecteur. — Pourtant chaque place vacante est bri-
guée par des centaines de solliciteurs.

L'auteur. — Sans doute, et il en est de même en Amérique. Les politiciens sont nombreux et avides ; mais
regardez ces solliciteurs. Quels sont-ils ? les plus obscurs et les plus médiocres des hommes ; car les politiciens se recrutent souvent dans les bas-fonds de la
société et de l'intelligence.

Le lecteur. — Pourtant des hommes éminents aspirent à la députation.

L'auteur. — Beaucoup moins que vous ne l'imaginez.
Examinez les candidats des divers partis dans chaque
département. Jadis, parmi les républicains ou les monarchistes, on trouvait le grand avocat, le riche ban-

quier, l'écrivain célèbre, le grand propriétaire, l'industriel millionnaire. Aujourd'hui c'est le premier venu, celui qui a consenti à risquer quelques milliers de francs, l'inconnu qui a besoin d'une distinction pour sortir de la nuit où il est enseveli. Quant aux hommes de valeur qui se présentent, ils forment l'infime minorité, et la plupart du temps ils cèdent aux sollicitations de quelques politiciens madrés qui veulent se refaire en compagnie honorable un fantôme de considération.

Le lecteur. — Et vous déplorez que l'intelligence du pays s'éloigne des affaires publiques?

L'auteur. — Je le déplore au suprême degré. Il n'est pas bon, sans doute, qu'un pays délaisse toute occupation sérieuse pour s'occuper exclusivement des choses de l'État comme cela arrive dans les républiques troublées de l'Amérique du Sud ; mais il est utile que chaque citoyen, et surtout chaque citoyen distingué par son intelligence, ait souci des destinées de la patrie, et qu'il soit disposé à apporter son concours à son pays. S'il en est autrement, la nation dégénère bientôt et la prospérité diminue fatalement, quelque habile que soit la classe des gouvernants de profession.

Le lecteur. — Peut-être avez-vous raison. Mais quel remède voulez-vous apporter à ce mal que vous dépeignez? Le suffrage universel choisit ceux qui lui plaisent. S'il s'engoue des politiciens, nous devons dire qu'il a raison de le faire.

L'auteur. — Pardon, tout homme de bon sens accepte le suffrage universel comme une loi inflexible à laquelle on ne peut se soustraire ; de même qu'il accepte toutes les lois naturelles. En vain récriminerait-il en disant : « C'est absurde que le feu soit soumis à cette loi terrible de se propager par le contact avec les matières combustibles. » Il aurait beau protester, l'incendie n'en dévorerait pas moins la ville. Donc, nous nous soumettons au suffrage universel parce qu'il est la conséquence absolue du droit que tous les hommes réunis en société ont de participer à la direction de cette société. Mais nous ne prétendons pas que le suffrage universel ait raison toujours. Il fait la loi, mais il peut faire la loi mauvaise comme il peut faire la loi bonne. Si nous constations vraiment qu'il se fût engoué des politiciens, nous dirions qu'il peut, s'il le veut, en faire ses maîtres ; mais nous ajouterions qu'il a tort de le vouloir Seulement nous n'avons pas encore constaté cet engouement. Si le suffrage universel prend des politiciens, c'est que la plupart du temps il n'a à choisir qu'entre des politiciens.

Le lecteur. — **Et le remède?**

L'auteur. —Ne jamais laisser le champ libre aux politiciens. Pousser dans la mêlée politique les véritables sommités du pays, et, si l'on est une de ces sommités, ne pas se sentir humilié parce qu'on est en compétition avec quelque inconnu, faiseur patenté de politique ; opposer son illustration à son obscurité, sa valeur à sa nullité. Pour les fonctions municipales, il en est déjà ainsi ; et l'on voit des hommes éminents entrer vaillamment en lutte avec d'infimes politiciens de village pour obtenir la direction des affaires locales. Il devrait en être de même partout. Et quelle que soit l'opinion à laquelle un homme distingué appartienne, il devrait pour écarter les politiciens, risquer l'aventure des luttes politiques. On verrait alors si vraiment le peuple français est dégoûté des hommes de mérite.

Le lecteur. — En un mot vous voulez combattre à tout prix la maladie qui a envahi l'Amérique, l'indifférence en matière politique.

L'auteur. — Oui, car elle mène aux catastrophes. Mais aussi les catastrophes la font cesser en un instant. Puissions-nous n'en pas guérir par ce moyen radical ?

Le lecteur. — N'avez-vous rien d'autre à me dire ?

L'auteur. — Non, voilà assez de théories. Reprenons notre voyage au pays des « blagueurs, » comme eût dit Proudhon. J'appelle ainsi les politiciens, parce que j'espère que je vous ai convaincu.

Le lecteur. — Comme c'est vous qui me faites parler, vous ne vous amuserez pas à me faire dire le contraire.

Partout la solitude et le silence. Le Parlement est vide ; les bureaux de rédaction des grands journaux sont déserts. Monsieur le rédacteur en chef est à la chasse. Messieurs les rédacteurs écrivent des vaudevilles. Les politiciens prennent des loisirs. Vers deux heures, le second vice-président du Parlement s'achemine d'un air morne vers le fauteuil présidentiel. Dans la salle, quelques huissiers errent découragés. Ils ont fait une battue dans les corridors et n'ont pas pu ramener plus de quatorze membres. Les tribunes sont désertes ; on essaie vainement d'y retenir une vaste famille anglaise qui aspire à visiter le reste du palais. Vingt garçons de bureau sont dépêchés dans le voisinage. Ils vont saisir les politiciens à domicile, ils les pourchassent dans les cafés, ils les appréhendent au corps. A trois heures, on peut ouvrir la séance. On se trouve en nombre, à condition que les secrétaires y mettent de là complaisance. Un novice sous-secrétaire d'État représente le gouvernement. Les ministres préparent leurs listes d'invitation pour les bals de l'hiver. C'est un lendemain de fête. Hier grande séance; aujourd'hui question d'affaires.

Hier grande séance. Brisetout devait interpeller le gouvernement sur un cas des plus intéressants. Etait-il vrai, oui ou non, qu'un fonctionnaire du gouvernement eût commis jadis un acte d'immoralité notoire ? On supposait que la séance serait intéressante et certes elle le fut. Brisetout parut à la tribune et d'un air calme, mais avec une terrible majesté, il déclara que rien ne l'empêcherait d'apprendre au monde les déportements du haut fonctionnaire. Le ministre atterré avait beau faire des gestes désespérés qui signifiaient : « Je n'y puis rien; » les amis du gouvernement avaient beau tenter de couvrir la voix de l'orateur par des clameurs violentes, Brisetout impassible continuait son œuvre. Il lisait des documents et spécialement certains certificats qui faisaient passer sur le visage des belles dames de l'auditoire une rougeur délicieuse. Enfin profitant d'une accalmie, le malheureux ministre put s'écrier : « Que voulez-vous que j'y fasse?

— Ordonnez des poursuites.

— Je ne peux pas, les faits se sont passés il y a vingt-deux ans, ils sont prescrits.

— Alors révoquez le fonctionnaire.

— Non, riposte un ami du malheureux accusé, non, car ce sont d'infâmes calomnies. Le directeur général est irréprochable à ce point que... »

Et l'ami lit à son tour des certificats plus délicats encore.

Brisetout réplique, on en vient aux mains. Tumulte indescriptible. Quelle séance! ceux qui n'y ont pas assisté ne s'en consoleront jamais.

Mais aujourd'hui tout est changé et les huissiers qui ne recueillent plus les pourboires des curieux se rappellent tristement la belle journée écoulée.

« Ah! ce M. Brisetout, voilà un homme! C'est lui qui attire du monde. Ce n'est pas comme M. Tardif, qui parle en ce moment. »

En effet, M. Tardif est à la tribune. Il s'agit d'un impôt sur les tissus; de l'adoption ou du rejet du projet dépendent le sort de deux cents usines et de trente mille ouvriers, l'avenir de nombreux négociants. Question d'affaires!

M. Tardif est monté à la tribune sans conviction. Il connaît la question, mais elle ne l'intéresse plus. Il a gagné sa fortune dans l'industrie dont on discute les tarifs; aujourd'hui il vit de ses rentes.

Pourquoi parle-t-il donc? C'est que le petit journal de son arrondissement raille le mutisme accoutumé de M. Tardif. M. Tardif était beau parleur jadis, quand il réunissait ses ouvriers le jour d sa fête et quand il dé- cernait des récompenses aux plus méritants, M. Tardif émerveillait les populations. Il avait toutes les séduc- tions oratoires, la voix noble, la période ronde, l'ex- pression choisie. Si bien qu'on disait toujours: « Quand il sera au Parlement, M. Tardif prouvera que l'industrie recèle autant d'orateurs que le barreau. » Et arrivé au Parlement M. Tardif se tut. De là, ricanements des

folliculaires. Les amis de **M.** Tardif se sont émus.
« Mais parlez donc, » lui ont-ils dit.

« Sur quel sujet ? La haute politique m'est étrangère et dans les grandes séances de pugilat oratoire la portée de ma voix est tout à fait insuffisante.

— Vous avez une occasion superbe, voilà justement qu'on discute la semaine prochaine l'impôt sur les tissus. C'est votre affaire.

— Je suis un peu intimidé.

— Rassurez-vous, personne ne vous écoutera. »

Et en effet, personne n'écoute M. Tardif. Des groupes se forment au pied de la tribune, on parle plus haut que l'orateur.

M. Tardif est enchanté. Il tourne ses feuillets, lit des statistiques, s'arrête parfois pour se pencher vers les sténographes afin de leur faire remarquer tel passage, où il ne veut pas que des erreurs se glissent. Nul ne s'en inquiète. M. Tardif rassuré par le bruit cadencé et permanent des conversations est parfaitement à son aise. Il ne se doutait pas qu'il fût si facile de tenir la tribune dans un Parlement. Décidément les réputations d'orateurs sont aisées à acquérir. Peu à peu il s'échauffe, risque des improvisations, fait des gestes, rétorque des arguments qu'il se propose à lui-même.

Tout à coup la porte d'une tribune s'ouvre et deux Japonais en grand costume apparaissent dans tout leur éclat. La Chambre les regarde. Ils sont couverts de soie et d'or ; le silence se rétablit soudain. Hélas ! M. Tardif ne s'attendait pas à ce coup. Entendant sa propre voix résonner violemment, le vertige habituel aux orateurs débutants le gagne et il descend de la tribune en balbutiant quelques mots sans suite.

« Quelqu'un demande-t-il la parole? fait le président. »

L'Assemblée examine les Japonais. Ils sont sans doute de l'ambassade qui a traversé Londres. Les conversations se rétablissent. Elles ont trait aux hôtes nouveaux du Parlement.

« Personne ne demande la parole? Je mets aux voix l'adoption du projet. »

Les amis du gouvernement votent pour, les ennemis du gouvernement votent contre. Le projet est adopté.

Il est détestable. Préparé par un ministre des finances qui a étudié l'économie politique à l'école de médecine, il frappe de droits exorbitants une industrie déjà fort éprouvée. Le plus mince industriel signalerait les vices évidents de la loi nouvelle, mais les politiciens ont déjà beaucoup absorbé; il y a peu d'industriels au Parlement et surtout peu d'industriels qui aient réussi et qui connaissent leur métier. M. Tardif était compétent, mais il n'a ni l'autorité ni la conviction, et les hommes considérables que le Parlement sait écouter ne s'emploient pas à ces bagatelles. On a donc adopté sans trop savoir pourquoi. Qu'importe du reste? Tout le monde songe encore à la séance de la veille et à l'immoralité contestée du fonctionnaire.

A la porte de l'assemblée se tient un homme âgé, dont le visage est sombre. Il aborde humblement un de ceux qui sortent : « Pouvez-vous me dire si le projet de loi sur les tissus a été adopté?

— A-t-il été adopté ? ma foi je n'en sais rien.

— Mais oui, fait un collègue, puisque le gouvernement l'approuvait. »

L'homme s'en va sans rien dire. C'est un commerçant que la loi nouvelle ruine. Dans un mois il déposera son bilan. Dans deux mois il se brûlera la cervelle.

Ils se le disent tous les uns aux autres. Ils se le disent et ils sont inépuisables dans leurs manières de le répéter. A propos de tout ou de rien, l'un d'entre eux monte à la tribune : « Vous avez perdu la France », s'écrie-t-il en regardant ses adversaires, et tous ses amis applaudissent, tandis que les adversaires vocifèrent. « Vous avez perdu la France, continue-t-il, vous avez amené l'invasion, vous avez livré à l'ennemi nos provinces et nos milliards. Traîtres, infâmes, comment osez-vous lever encore vos fronts déshonorés ? » Et l'admiration ne connaît plus de bornes et les acclamations succèdent aux acclamations.

Tout à coup une autre voix aussi formidable retentit : « Vous avez perdu la France, reprend-elle, en s'adressant à celui qui vient de parler, vous avez amené l'invasion, vous avez livré à l'ennemi nos provinces et nos milliards. Traîtres, infâmes, comment osez-vous lever encore vos fronts déshonorés ? »

Et cette voix appartient à quelque orateur du parti
opposé, quoiqu'elle dise exactement la même chose.
Alors commence un effroyable tumulte à travers le Parlement, dans les journaux, sur les places publiques, chez
les particuliers ; partout où l'on pense et où l'on parle,
les mêmes paroles retentissent, chacun dit à son voisin :
« Vous avez perdu la France, » et l'autre répond : « C'est
vous qui l'avez perdue. » Cela dure quelques jours, puis
le calme renaît dans le pays. On s'occupe d'autre chose,
on se demande si cette France perdue ne pourrait pas
être sauvée. On s'efforce de trouver les moyens de salut.
On discute les chances plus ou moins favorables. Alors
au moment où l'on s'y attend le moins, quelque voix
reprend : « Vous avez perdu la France, » et le tapage
recommence.

Il est étonnant qu'après tant de discussions, d'en-
quêtes, de procès, de dénonciations et de divulgations,
on en soit encore à se demander qui a perdu la France.
Qu'elle ait été perdue, le fait est trop certain ; mais que
les coupables soient encore inconnus, c'est ce qui ne
s'expliquerait guère, si beaucoup de gens n'avaient pas
un grand intérêt à ce que le doute demeure.

Quand nous disons que les coupables sont inconnus,
nous ne parlons que pour la France ; le moindre écolier
américain ou russe répond couramment à cette question d'histoire.

« Élève Strobonoff, voulez-vous nous raconter les
désastres qu'a subis la France en 1870 et en 1871 ?

— Oui, monsieur ; l'empereur Napoléon III ayant
imprudemment déclaré la guerre à l'Allemagne qui
excitait les défiances de la France, fut battu à Sedan ;

15

les républicains s'étant emparés alors du pouvoir eurent la prétention de faire mieux, sans armée, que Napoléon III n'avait fait avec une armée. Ils tentèrent une défense désespérée et ils rendirent les conditions de paix qu'on leur imposa plus dures et plus humiliantes que s'ils avaient cédé tout de suite.

— Très-bien, élève Strobonoff.

— Que dit l'élève Strobonoff ? s'écrie un passant qui a écouté par la porte entr'ouverte.

— Il répond bien, monsieur, fait le pédagogue. Du reste il ne mérite pas d'éloges, la question était des plus simples.

— Quelles erreurs vous enseignez à ces enfants ! s'écrie le passant furieux. L'empereur Napoléon III n'a jamais déclaré la guerre, c'est le parti républicain qui l'a faite. La France aurait eu une armée superbe si l'opposition n'avait pas déjoué tous les plans du gouvernement. En outre, si l'on eût fait la paix à Sedan, nous n'eussions pas cédé un hectare de terrain, tout au plus eussions-nous payé une indemnité de guerre. »

La classe reste interloquée. L'élève Strobonoff est piqué au jeu.

» Mais ça n'est pas ça, dit-il, l'empereur Napoléon III faisait ce qu'il voulait. Après Sedan la France était déjà gravement compromise.

— Bien, très-bien, s'écrie un second passant qui intervient. Bravo, élève Strobonoff ! C'est l'empereur Napoléon III qui est le seul coupable, le seul responsable du démembrement et de la ruine de la France.

— Non, riposte Strobonoff, puisqu'il n'a fait battre

la France qu'un peu et que les autres ont fait battre la France beaucoup. »

Alors les deux passants réunissent leurs colères; ils se plaignent au pédagogue, invectivent le malheureux Strobonoff et reprennent à mille lieues de leur patrie la fameuse discussion : « Vous avez perdu la France. »

Et pourtant Strobonoff a raison, mais qui de nous oserait parler comme lui, au risque d'être injurié par les uns et par les autres? C'est que « vous avez perdu la France » est un trésor sans prix.

La Chambre se vide, les gens des tribunes bâillent et l'actrice du Vaudeville à laquelle on avait promis un billet depuis trois semaines s'ennuie. Vous avez perdu la France ! Tout s'anime.

Les députés reviennent précipitamment de la buvette, chacun dépose son verre. On s'appelle dans les couloirs : « Venez donc, un tel a dit que nous avions perdu la France. » Le chef du parti adverse s'élance. Il daigne répondre à l'orateur, ce qui donne pour un instant à celui-ci des airs de « leader » : « Je vous ai entendu dire que nous avions perdu la France; ce sont vos amis et vous qui l'avez perdue. » (Triple salve d'applaudissements.)

Autre emploi : On est à la tribune; on discute le budget ou le rachat des chemins de fer par l'État; on a préparé un fort beau discours, mais les conversations particulières vous ont gêné. On va descendre de la tribune et l'on veut que l'*Officiel* mentionne qu'on a été « félicité par un grand nombre de collègues ». Alors on s'écrie : « Ces impôts, il faut bien que vous les votiez; » ou encore : « Ces chemins de fer, ah! c'est notre dernière richesse, car vous avez perdu la France. » L'effet est infaillible.

Le journaliste qui patauge, le candidat qui balbutie, le fonctionnaire qui veut se signaler, le causeur qui fait bâiller, ont une ressource certaine : « vous avez perdu la France. » Comment donc s'étonner que nul ne cherche à dissiper les obscurités factices qui cachent les parts de responsabilité.

Pendant bien longtemps encore nos politiciens diront : « vous avez perdu la France » et s'indigneront contre quiconque voudra imiter l'élève Strobonoff.

Grosse question qui passionne l'opinion publique ?
Les politiciens sont-ils des fripons?

En d'autres termes, profitent-ils de leur influence ou
de leur passage au pouvoir pour augmenter indûment
leur fortune ?

Si on les croyait eux-mêmes, dans leurs révélations
réciproques, on aurait beau jeu à répondre que oui.
Écoutez-les se juger entre eux.

L'un accuse tous ceux du parti ennemi d'avoir tra-
fiqué des emplois, spéculé sur les travaux publics,
changé l'affectation des fonds à leur profit. L'autre
affirme que ses adversaires ont vendu des marchés de
fournitures à beaux deniers comptants. Celui-ci interpelle tel ministre pour lui prouver que tel jour une
dépêche officielle a servi à un mouvement de Bourse,
tel autre fait comparaître un administrateur devant
l'opinion publique, pour lui reprocher la partialité dé-
ployée en faveur de telle compagnie à laquelle l'administrateur s'intéresse. Faut-il ajouter que dans

toute question financière', on accuse l'écrivain qui
donne son opinion, le député qui monte à la tribune,
le ministre qui fait une proposition, de céder à des
considérations inavouables.

Cette monomanie de soupçons arrive parfois au
grotesque, et se mêlant aux indiscrétions sur la vie
privée, donne lieu à des discussions très-curieuses.

Le Triomphant a dîné hier soir au restaurant D...
avec deux amis. Ils ont mangé une poularde truffée et
bu deux bouteilles de Champagne frappé. Indignation
générale dans le clan des ennemis. Toute la presse
retentit de cette orgie. « Les voilà bien ces misérables
qui se sont enrichis aux dépens du pays. Qu'ont-ils fait
de nos milliards ? Nous le savons aujourd'hui. Ce sont
les souliers en carton de nos pauvres enfants qui paient
cette poularde truffée (figure hardie, que nous res-
pectons pour rester dans l'exactitude). Et les bouteilles
de champagne, elles étaient ensanglantées sans doute,
car c'est pour les payer qu'on a fait tuer des milliers
de citoyens. » Puis arrive un confrère mieux informé
qui fournit de nouveaux renseignements. Un coupé de
maître attendait le Triomphant à la porte du restaurant. Pour le coup, c'en est trop. Des hurlements de
sauvages retentissent dans tout le parti adverse ! « Un
coupé ! Et cet homme n'est pas encore à Mazas ! Un
coupé à deux chevaux ! Il ne se refuse rien. Un coupé,
vous voulez dire un carrosse ! Le cocher avait une
livrée flamboyante ; le valet de pied était poudré.
Deux chevaux ? il me semblait en avoir vu quatre, et
conduits en daumont. C'est cela, avec un piqueur en

avant comme pour l'empereur. Le gueux, l'infâme, le voleur ! »

Et le Triomphant s'en va très-tranquille, dans la modeste voiture de louage qu'il paie, comme il a payé la note du restaurant, avec les gains fort honorables qu'il doit à son talent d'écrivain.

Mais les amis du Triomphant prétendent le venger. Ils guettent M. Déchu.

M. Déchu a été vu en fiacre. Et chacun de rire. En fiacre ! M. Déchu.

Il voudrait nous faire croire à sa probité. Vingt ans de pouvoir sans contrôle pour aboutir à courir Paris en fiacre ! M. Déchu n'est pas si sot ! Malin comme il l'est, il veut jouer à l'homme intègre. Mais chacun sait qu'il est le plus fort actionnaire des mines de X. et du chemin de fer de Z. qu'il a quatorze millions à la banque d'Angleterre et vingt-six enfouis du côté de Meudon. Très-habile, M. Déchu, mais il ne nous trompera pas.

Et M. Déchu, qui prend un fiacre, parce qu'il n'est pas assez riche pour avoir une voiture, ne s'inquiète pas de ces clameurs. Il est aussi tranquille que le Triomphant qu'on attaque avec le même acharnement.

Ils ont bien raison d'être tranquilles, car la masse du public croit toujours que les hommes qui ont passé par le pouvoir en ont rapporté de fructueuses dépouilles, mais les gens intelligents savent que ces accusations ne prouvent rien à cause de leur multiplicité même.

Quant à nous, qui n'avons ni haines ni sympathies,

croirons-nous, sinon à toutes les accusations qu'on porte contre les politiciens, du moins à quelques-unes? N'imaginerons-nous pas que ces hommes, qui n'ont qu'un moyen de s'enrichir, puisqu'ils n'ont offert qu'un seul but à leur intelligence, profiteront de ce moyen, alors que pour la plupart ils sont entrés pauvres dans leur rude profession? L'exemple des politiciens américains ne nous déterminera-t-il pas?

Là-bas, en effet, les politiciens cachent à peine leurs malversations. La politique est pour eux un négoce. Or, le commerçant tire de sa boutique tout le bénéfice possible. Le politicien américain entre pour s'enrichir dans les affaires publiques et leur fait rapporter le plus qu'il peut. Des procès scandaleux, des acquittements plus scandaleux encore, ont prouvé à l'Europe étonnée que le trafic des choses d'État était toléré, sinon admis, de l'autre côté de l'Atlantique.

Dirons-nous donc que nos politiciens, qui en beaucoup de points imitent leurs devanciers du nouveau monde, ont omis justement le trait le plus marqué et le plus lucratif du caractère de leurs modèles? Oui et sans hésitation. Les politiciens français ne sont pas encore des fripons.

D'abord ils ont à compter avec le tempérament de la nation. En Amérique, il est avec la probité des accommodements. Un écrivain, qui connaissait bien les États-Unis, a écrit qu'il n'y aurait plus bientôt en Amérique de honteux que la pauvreté. Le jour prédit est arrivé. Si le vol patent et brutal n'est pas tout à fait en honneur, le vol poli ne soulève que peu d'objec-

tions. La faillite, par exemple, qui d'ordinaire est un
vol caractérisé, puisque, soit pour satisfaire des goûts
de luxe, soit pour arriver plus vite à la fortune, le
négociant a exposé un argent qui ne lui appartenait
pas, semble peccadille dans les grandes villes de
l'Union. Au Far-West, on rentre dans l'état de nature. La police et la civilisation cessent ; le succès est
au plus fort et une indulgence tutélaire couvre tous
les actes de violence qui y fondent les grandes fortunes. Dans l'Est, la violence est suppléée par la ruse
et une vaste escroquerie, qui permet d'enlever d'un
seul coup une large somme d'argent, excite l'admiration de tous ; elle se raconte volontiers dans les meilleurs salons et les jeunes gens ambitieux regardent
son auteur avec envie et déférence.

En France, le bien d'autrui est plus généralement
respecté, et l'on ne reçoit guère honorablement les
voleurs que s'ils viennent d'au delà de la frontière.
De plus, on s'occupe des politiciens plus qu'on ne fait
en Amérique. On ne les a pas encore tout à fait ense-
velis sous l'indifférence; les politiciens français courraient donc plus de risques. Un politicien est méprisé
en Amérique parce qu'il est politicien. Un fripon
notoire (riche, bien entendu) est peut-être plus estimé
qu'un politicien honnête, s'il s'en trouve ; le politicien
ne court donc pas risque de perdre un honneur qu'on
lui dénie.

Chez nous, avec la malveillance que de nombreux
rivaux exploitent, avec le sentiment de probité qui
n'est pas complétement détruit, une action malhonnête serait immédiatement décelée et entraînerait la

ruine de toute une fortune politique. Le politicien a
encore un honneur à perdre chez nous, et cet honneur, il doit le conserver au profit de son ambition.
Le politicien ne le risquera donc pas facilement pour
accomplir de petites friponneries. On en révèle bien
quelques-unes de temps en temps : souscriptions en-
levées à leur véritable destination, misérables tripo-
tages sur les fonds publics ; mais, ces vilenies s'excusent
par la condition infime des coupables. Quant au gros
scandale, il n'apparaît point. Et pourtant, comme on
le guette ! comme on l'attend avec impatience, ce
scandale désiré ! Dans notre pays, où l'on fait de l'exception la règle avec une merveilleuse désinvolture,
le parti tout entier du coupable subirait une honte
sans remède. Un tel a volé, pourquoi donc ses amis
ne voleraient-ils pas ? Tel est le raisonnement que
ferait le public, et l'arme employée contre un fripon
irait blesser les plus honnêtes gens.

Si ce grand scandale n'a pas eu lieu, c'est que les
circonstances qui auraient pu l'amener ne se sont pas
encore produites. Jamais on n'a veillé avec plus de
soin sur la conduite des hommes publics. La plus ver-
tueuse, la plus chaste des jeunes filles, munie d'une
grand'mère, d'une mère, de deux tantes et de trois
amies jalouses, ne subit pas une surveillance plus
scrupuleuse que celle à laquelle sont soumis les
hommes importants des différents partis. Surveillance
exercée par les ennemis et aussi par les amis qui périodiquement livrent à la publicité des révélations
foudroyantes. Or de tout cet espionnage, auquel n'é-
chappe ni une lettre, ni une visite, ni une parole

glissée dans l'oreille d'un confident, il n'est *encore*
rien sorti de grave, donc il n'y a rien.

Il n'est *encore* rien sorti de grave, disons-nous,
mais cela viendra. Avec l'invasion des politiciens, se
produira l'invasion de l'improbité. Elle apparaîtra menaçante quand les symptômes d'indifférence publique
seront devenus plus complets. L'indifférence publique
monte, nous l'avons constaté ; la nation se retire de
la politique, laissant le champ libre aux politiciens.
Mais elle leur fait encore l'aumône d'une réelle curiosité ; il semble qu'elle les ait placés sur des tréteaux
où elle dédaigne de les accompagner, mais elle se réjouit de les regarder agir. Ce fut ainsi, en Amérique,
que débuta le règne des politiciens. Seulement, la
pièce représentée devint si monotone et si écœurante
qu'elle n'excita plus aucun intérêt et que l'auditoire
se dispersa. Il en sera de même en France. Il faut
déjà de très-grosses émotions pour que le public se ré-
veille de sa somnolence ; le gros mot y sert et le coup
de pistolet n'y nuit pas. Le menu courant des discussions quotidiennes n'attire plus la foule. C'est le commencement du sommeil public. Lorsque ce sommeil
sera venu, quand on pourra crier et se battre sans
émouvoir les spectateurs, les politiciens auront tout le
loisir de faire d'utiles réflexions. Ils se diront : « Décidément, nous sommes trop naïfs. Notre métier est
mal payé, nous ne récoltons même plus la curiosité,
cette menue monnaie de la gloire, et nous sommes
incessamment et injustement soupçonnés. Cependant,
que de bonnes choses à notre portée ! Sans doute, le
budget est minutieusement contrôlé et les sots s'ima-

ginent seuls qu'on peut en soustraire un centime. Mais
l'influence ! comme on pourrait la vendre cher ! Emplois, concessions, fournitures, renseignements ! Que
de milliards abandonnés sans profit pour personne ! »

De la pensée à l'action il n'y a pas loin. Quelle considération peut retenir des hommes qui n'ont point de
situation sociale à sauvegarder, dont l'honnêteté est,
quoi qu'ils fassent, mise constamment en doute et
qui ont tout près d'eux les moyens de s'enrichir ! Le
pur sentiment de la probité ! s'il suffisait, que viendrait
faire le Code pénal?

Les politiciens succomberont ; leur chute sera profonde et générale. Quelques-uns se maintiendront,
rares épaves de la probité. Les autres suivront le
sort commun, sort très-fortuné du reste, l'impunité
pénale étant de droit. Mais là peut-être sera la raison
de la catastrophe décisive. Un jour de loisir, le pays
regardera du côté de la politique, et ce jour-là les politiciens auront vécu. En Amérique, la foule acharnée
aux affaires ne s'est pas encore tournée vers ses maîtres déshonorés ; seuls, quelques penseurs les contemplent, et c'est de cette contemplation que sont sortis
ces écrits curieux qui réclament un chef énergique et
absolu pour débarrasser les États-Unis de leur lèpre.
La France, moins acharnée au gain, s'indignera plus
vite et il arrivera que les politiciens mourront de leur
prospérité. Aujourd'hui, ils n'ont rien à craindre parce
qu'ils ne sont pas encore des fripons. Mais qu'on se
rassure, ils le seront.

CASCADE DE DÉDAINS.

Les politiciens se dédaignent entre eux. Les gens de M. le vidame dédaignent les gens de M. le duc :

« Quels sont ces gentilshommes transfuges escortés de bourgeois qui veulent trancher du gentilhomme? Lesquels faut-il mépriser le plus de ceux qui, étant *nés*, vivent comme s'ils ne l'étaient pas, ou de ceux qui, n'étant pas *nés*, s'efforcent de vivre comme s'ils l'étaient? Ils prétendent défendre les principes sociaux, ces révolutionnaires déguisés. Comtes de finance, barons d'Israël, ducs de l'intrigue, souverains de la trahison, magistrats de la corruption, généraux de l'émeute, quels grands souvenirs avez-vous à opposer aux nôtres? Votre monarchie parlementaire ressemble à une maison de banque que vous exploitez en commandite et dont la devise devrait être : « Soyez honnêtes, quand vous ne pourrez pas faire autrement. »

Les gens de M. le duc dédaignent les gens de M. Déchu :

« Aventuriers de la pire espèce, osez-vous vous

comparer à nous qui représentons les forces vives de la nation ? D'où sortez-vous? Où sont les bouges où vous avez médité vos entreprises? Faméliques et exaspérés, vous cherchez quelque coupe-gorge pour y entraîner vos dupes. La France est tombée dans vos embûches et vous l'avez dévalisée. Aujourd'hui vous avez encore bonne mine ; mais en regardant de près on voit que vos habits ont des reprises et que le vernis de vos carrosses s'écaille. Il vous faut de nouvelles dépouilles. Ce que vous visez ce ne sont pas les portefeuilles, ce sont les porte-monnaie. »

Les gens de M. Déchu dédaignent les gens du Triomphant :

« Nous vous avons connus du temps où vous n'aviez pas encore volé le pouvoir. C'est à peine si des hauteurs où nous nous trouvions nous vous apercevions blottis dans votre fange, et vos injures ne pouvaient monter jusqu'à nous. Hommes de cabarets et de brasseries, comment osez-vous vous mesurer avec des gens de bonne compagnie? Aujourd'hui vous buvez du champagne, jadis c'est la bière seulement qui abreuvait votre inextinguible soif. Et encore vous n'en aviez pas toujours à profusion. Aujourd'hui vous roulez carrosse, tandis que jadis vous aspiriez à une paire de bottes. Aujourd'hui vos maîtresses sont couvertes de dentelles et vous oubliez dans leurs bras les souillons que vous aimiez jadis. Mais vous n'êtes pas encore décrassés, et autour de vos tables somptueuses, dans vos équipages majestueux, près de vos amies parfumées vous restez des hommes de peu. »

Les gens du Triomphant dédaignent les gens du Farouche :

« Vous qui n'avez rien appris, qui n'avez rien eu à oublier parce que vous n'avez jamais rien su, n'êtes-vous pas honteux de prétendre nous critiquer? Que connaissez-vous du gouvernement des hommes? Avez-vous jamais parlé dans une assemblée? Etes-vous jamais entré dans un ministère, sinon pour le faire flamber? Pourriez-vous rédiger un rapport? Comment traiteriez-vous la question de la conversion de la rente, vous dont les mains n'ont jamais touché un titre de cinq pour cent? Discuterez-vous les questions extérieures? Allez-vous à l'ambassade? Recevez-vous à dîner Babitoff, Tronbloff, Minotti et lord Willmore? Connaissez-vous seulement l'étiquette qu'on doit observer quand on est présenté à un souverain? Seriez-vous capable d'écrire une lettre à une personne royale et de trouver la formule exacte de respect? Non. Eh bien alors, pourquoi levez-vous la tête? Disparaissez et s'il nous plaît de vous appeler dans un conseil municipal, considérez-vous comme trop heureux et tenez-vous convenablement, si vous pouvez, au bal de M. le maire. »

Les gens du Farouche dédaignent les gens du citoyen Lonnoutrompe :

« Eh bien! l'on se plaint donc de ses délégués! On croit qu'on ferait mieux qu'eux! Il faut de la discipline où nous ne répondons plus de rien! Est-ce vous qui nous remplacerez, vous, citoyen Lonnoutrompe, qui êtes à l'atelier toute la journée?

Qu'est-ce que vous pouvez savoir des choses du gouvernement? Il faut que chacun serve la République
suivant sa capacité : les uns par leurs bras, les autres
par leur cerveau. Quand vous voulez lire un journal
aux camarades vous ne savez seulement pas prononcer les mots et vous dites « vabilité » au lieu de
« viabilité ». Enfin vous n'avez pas d'instruction.
Que voulez-vous que nous y fassions? Nous avons
besoin d'hommes éclairés. »

Mais le dédain qui est descendu remonte. Les gens
du citoyen Lonnoutrompe dédaignent les gens du
Farouche :

« De quoi! on veut la faire aux hommes du monde!
Faut y cirer les bottes à monsieur? Qu'est-ce que
tu étais donc toi, le Farouche? Un compositeur d'imprimerie qu'on a f.... à la porte parce que tu vendais
les caractères. Te voilà plumasseur maintenant, mais
ne te monte pas le cou, parce que t'écris dans les
journaux. Tes journaux, tu sais ce que j'en fais! Faut
des vrais; faut des purs, des ouvriers finis et pas des
lichéurs ! Et qu'on aura des façons chics comme toi et
qu'on sera aimable près des dames du gouvernement
aussi bien que toi, crevé! As-tu pas honte de faire
l'aristo avec les amis? Chacun son tour, mon fils. Faut
pas tout becqueter à toi tout seul. »

Les gens du Farouche dédaignent les gens du
Triomphant :

« Vraiment, messieurs les hommes au pouvoir, vous
le prenez sur un ton qui ne vous sied pas. Vous sortez
de nos rangs et vous n'avez qu'un tort, c'est d'avoir
oublié ce que nous vous avions appris. Vous fréquentez

les ambassadeurs et vous savez ce que désirent les
aristocraties. Tant pis, car vous ignorez ce que veulent les peuples. Vous hantez ou vous tenez les ministères. Tant pis, car vous ne voyez plus la vérité que
vous cachent vos employés et vos fonctionnaires. Vous
parlez dans les assemblées. Tant pis, car ce n'est pas
le travailleur qui vous répond et sa voix ne peut
pénétrer dans ces enceintes privilégiées. Rappelez-
vous votre origine, rappelez-vous le temps où vous
vous disiez les serviteurs du peuple. Vous êtes de
notre sang, de notre race. Et si les circonstances vous
ont fait grands, craignez que le peuple ne vous fasse
redevenir petits. »

Les gens du Triomphant dédaignent les gens de
M. Déchu :

« Il est vraiment grotesque de voir les hommes qui
entourent M. Déchu parler comme de grands seigneurs.
On nous accuse d'avoir bu de la bière au temps de
notre jeunesse. Nous n'avons jamais beaucoup aimé
la bière ; mais nous reconnaissons volontiers que nous
en avons bu parfois ; et même nous l'avons payée,
ce qui n'arrive pas toujours aux amis de M. Déchu.
Par exemple nous n'avons jamais exercé certains
métiers qui n'ont de nom dans aucune langue, ce qui
nous empêche d'apprécier à notre tour le passé de
beaucoup de nos insulteurs. »

Les gens de M. Déchu dédaignent les gens de M. le
duc :

« Des parlementaires ! Pouah ! Des hommes d'habiles paroles et de laides intrigues, qui sacrifient
pour une place leur conscience et leurs principes

Leurs principes! nous leur faisons trop d'honneur, car leurs principes consistent justement à ne pas avoir de principes. Êtres visqueux, qu'on suit à la souillure qu'ils laissent sur leur passage ; eunuques qui ne violent pas la loi parce qu'ils en sont incapables, mais qui la polluent. Valets qui font partie du mobilier des anti-chambres et que les ministres se transmettent avec les huissiers de service, à- cette différence près que les huissiers sont moins serviles. »

Les gens de M. le duc dédaignent les gens de M. le vidame :

« Hommes du passé, revenants, fantômes. Vous perdez ce pays dont vous pourriez être les sauveurs. Il semble que votre intelligence soit restée à l'étranger et que vous n'ayez rapporté de l'émigration que vos appétits et vos rancunes. Eloignez-vous de nous, pour que la nation ne nous confonde pas avec vous. Rentrez dans vos retraites, loin d'une société que vous ne savez pas comprendre, ou épousez les filles des banqueroutiers frauduleux afin de pouvoir mener la vie joyeuse dont vous êtes vraiment dignes. Mais laissez aux hommes dont l'intelligence est à la hauteur du temps où ils vivent, le soin des affaires publiques. Riches ou pauvres, puissants ou faibles, jeunes ou vieux, vous resterez inutiles. »

Et de tous ces dédains que sortira-t-il ? le mépris public.

Le gouvernement par les politiciens est le règne des
secrétaires. Le politicien, en effet, ne sait que la politique, c'est-à-dire qu'à proprement parler il ne sait
rien. Lorsqu'il obtient quelque fonction qui exige
impérieusement une certaine connaissance des affaires,
lorsqu'il devient ambassadeur, magistrat, ministre,
préfet, il se trouve fort embarrassé, et ne veut pas
avouer son insuffisance devant ses subordonnés. Que
faire ? Prendre un secrétaire et le bien choisir. Il y a
au conseil d'État, dans les ministères, dans les bureaux,
des jeunes gens studieux qui se sont adonnés depuis
leur adolescence au droit administratif, à l'étude des
protocoles, à l'examen des questions de finances, à
l'expédition des affaires ; le politicien se fait indiquer
quelqu'un d'entre eux, et l'attache à sa personne.

Le secrétaire arrive humble et déférent. A peine
ose-t-il parler devant son maître. Il s'installe dans un
cabinet modeste, à proximité de celui du haut
fonctionnaire et se prépare à expédier de la besogne
comme il l'a fait toute sa vie. Mais la besogne ne vient

pas. Chaque affaire est envoyée à un bureau spécial
et revient de là à la signature du maître, c'est tout
au plus si le secrétaire décachète quelques lettres particulières et écoute quelques solliciteurs. On ne daigne pas lui parler, au pauvre secrétaire, et les garçons
de bureau ne se découvrent pas devant lui. Le secrétaire enrage et regrette la fonction qu'il vient de
quitter.

Le lendemain de son installation, le secrétaire est
mandé chez le politicien qui l'interroge négligemment :

« Je dois parler à la Chambre demain sur le rachat
de la ligne de Besançon à Dunkerque; faites-moi donc
un petit travail sur la question des rachats de chemins
de fer, et sur l'importance de cette ligne. Vous connaissez la question ?

— Oui, monsieur le ministre, c'est mon métier;
j'ai été successivement à la section des travaux publics
et à celle des finances, au conseil d'État. »

Le secrétaire passe la nuit, et apporte le lendemain
une note très-complète que le politicien reproduit avec
succès à la tribune. Le vote est enlevé.

Le secrétaire est invité à dîner chez son chef. C'est
un dîner d'intimes. Le secrétaire se tient coi dans
l'attitude du respect. Il ne parle que s'il est interrogé.
Mais voilà que des questions administratives sont soulevées. Le maître interpelle le secrétaire : « Qu'en
pensez-vous? » dit-il. Les questions soulevées sont
élémentaires, de celles que peuvent résoudre les
moindres savants. Le politicien ignore cependant ces
questions comme il ignore le reste. Aussi est-il

émerveillé d'entendre le secrétaire parler de ces choses avec une sûreté et une facilité remarquables. Le secrétaire n'est pas un prodige; il passait même parmi ses collègues pour assez médiocre, mais il sait le métier qu'il fait et que son chef est censé faire. Aussi tous les convives applaudissent de la voix et du geste, et après dîner on entend dans les groupes des propos très-flatteurs pour le jeune homme : « Il est instruit, ce garçon, il sait beaucoup ; c'est une bonne idée que de se l'être attaché. »

Le maître multiplie ses entrevues avec le secrétaire. « Voyez donc un peu ce dont il s'agit », lui dit-il, quand on lui demande une décision. Tout d'abord, il s'est fait expliquer l'affaire, et le secrétaire l'a mis au fait tant bien que mal. Mais les temps sont devenus difficiles. Voici les préoccupations électorales qui absorbent tout. Ce matin, un conseil important doit se tenir. On apporte un dossier volumineux ; il y a urgence ; il serait bon qu'une résolution fût prise dans la journée. Or, dans la journée le politicien n'aura pas une minute à lui. « Examinez l'affaire, dit-il au secrétaire, et vous me direz à mon retour quelle résolution je dois prendre. Vous savez que nous sommes toujours d'accord. »

Et, en effet, ils sont toujours d'accord. Le secrétaire explique l'affaire comme il lui plaît ; il donne des arguments que l'autre ne saurait combattre, car il faudrait pour cela connaître les règles générales. Aussi les solutions proposées par le secrétaire sont-elles inévitablement acceptées.

Cette fois la signature est donnée sans explication

préalable; le secrétaire a jugé, et son jugement est approuvé sans discussion.

Le politicien trouve qué cette méthode est la meilleure. Rien ne lui était plus pénible que ces entretiens prolongés avec un subordonné; même devant celui-ci, il voulait cacher son ignorance, il essayait de glisser quelques observations au milieu de l'exposé qu'on lui faisait, et il ne les présentait qu'avec inquiétude; d'autant plus que parfois il avait bien compris, aux réponses de son interlocuteur, combien ses propres réflexions dénotaient peu de sagacité.

Désormais les entretiens sont supprimés, les dossiers sont remis directement au secrétaire qui les examine, le politicien n'a plus qu'à donner des signatures; tout son temps est consacré aux intrigues parlementaires et électorales où il excelle.

Mais bientôt le bruit se répand que le secrétaire règle toutes les affaires à sa fantaisie et que toute liberté lui est laissée. Bientôt les fonctionnaires qui désirent l'adoption d'une décision, qui souhaitent la prompte solution d'une difficulté, ne se donnent plus la peine d'aller trouver le chef, qui ignore tout et qui répondrait par quelque phrase banale. Ils s'en vont chez celui qui sait et qui peut, et ils s'entretiennent avec lui.

Les gens qu'intéresse l'affaire en suspens, les solliciteurs, sont bientôt instruits de ce qui se passe et vont à l'homme qui exerce la véritable influence, de sorte que le cabinet du secrétaire est bientôt plus assiégé que celui du maître. Peu à peu le secrétaire voit passer devant lui tout le personnel qui dépend du politicien, tandis que le politicien ne reçoit que des politiciens comme lui. Le secrétaire apprécie le mérite des employés, et lorsqu'il s'agit de donner un avancement, de conférer un emploi, il est seul capable de choisir le titulaire; et là aussi sa toute-puissance se révèle. De là encore les soins qu'on lui rend, les hommages dont on l'accable. Le politicien ne s'aperçoit de rien cependant; il croit qu'il dirige, parce que sa signature est indispensable et qu'on la lui demande. Il ne comprend pas qu'il a tout juste l'influence de la griffe qu'il applique au bas des arrêtés.

Aussi le secrétaire a-t-il changé d'allures. Il relève la tête, toise les gens de haut en bas et reçoit, assis sur son fauteuil, les plus grands personnages qu'il laisse debout devant lui. — « Nous verrons, a-t-il dit d'un ton hautain, — nous y penserons (s'oubliant, il a parfois dit : J'y penserai). C'est une fonction délicate que vous sollicitez là, vous êtes encore bien inexpérimenté. » On sort du cabinet étonné de tant de désinvolture; l'on se dit : « Il faut qu'il soit bien sûr de sa puissance pour avoir l'air si rogue.» Et l'on revient avec plus de respect encore. Maintenant ce n'est plus le secrétaire que les garçons de bureau ne saluent pas ; devant lui ils se prosternent, car d'un mot il peut détruire ou améliorer leur position. C'est le maître, étranger à tout ce qui les touche, qu'ils daignent à peine regarder.

Un jour cependant le politicien se rend compte du rôle prépondérant que joue son secrétaire. On lui a fait signer, sans même l'en instruire, une nomination importante pour une place que des politiciens de ses amis sollicitaient. Le secrétaire est allé trop loin ; il sera

puni, désormais le maître fera lui-même les affaires. Le
secrétaire est en disgrâce, ce qui n'empêche pas qu'il
soit toujours assiégé de solliciteurs. Le secrétaire les
ajourne sans les décourager. Il n'a pas d'inquiétudes
sérieuses. En effet, au bout de huit jours, le malheureux politicien, la tête bouleversée de tout ce que ses
employés ont essayé de lui expliquer, ayant pris des
décisions insensées, mécontenté tout le monde et en
outre négligé les questions politiques, ce qui a permis
à ses ennemis de le battre en brèche, en vient à reci-
piscence.

Il s'en va trouver son secrétaire ; la réception est
froide. — Le secrétaire est hautain, le maître un peu
penaud.

« Je désire, dit le maître, que vous me donniez votre
avis sur ceci (il présente un gros dossier).

— Je ne me permettrais pas, dit le secrétaire, de formuler une opinion devant mon chef, je sais quelle est
la modestie de mes fonctions.

— Allons, mon cher ami, vous n'ignorez pas quelle
confiance j'ai en votre intelligence, qui est si supérieure à vos fonctions. Faites cela pour moi.

— Je suis à vos ordres. »

Le secrétaire examine le dossier, puis le soir il
remet au politicien un rapport détaillé. — Le politicien est pressé : « Non, mon cher ami, non ; dites-moi
seulement votre opinion. » Mais le secrétaire n'aban-
donnera pas sa vengeance, le politicien subira la lecture
du rapport, châtiment sévère.

Le lendemain les choses reprennent leur cours comme
avant la rupture, sauf que, se sachant indispensable,

le secrétaire est plus hautain encore. — On a appris la capitulation du maître et l'importance du subordonné s'en est accrue d'autant.

On fait pourtant à voix basse quelques critiques. Le jeune homme n'est pas tout à fait ignorant; mais il manque d'expérience. Il commet bien des fautes qu'éviterait le moindre chef de bureau ; mais si les affaires étaient menées par un chef de bureau, ce serait la perfection. — Enfin, il ne faut pas trop exiger, c'est déjà quelque chose qu'elles ne soient pas menées par le politicien lui-même; il faut savoir se contenter de cette chance-là.

Et les choses iront ainsi jusqu'à ce que le politicien tombe du pouvoir, entraînant dans sa chute son secrétaire qui emportera autant de malédictions qu'il s'élevait d'éloges autour de lui au temps de sa splendeur. Le secrétaire se rappellera toute sa vie son heure de toute-puissance. Et il racontera à ses petits-enfants qu'un jour où son maître désirait lui parler, il lui fit répondre par un garçon de bureau : « Impossible de voir en ce moment M. votre secrétaire, M. votre secrétaire travaille. »

On voulait supprimer les sous-préfectures. — Quelqu'un demanda la parole et s'exprima en ces termes : « De tout ce que viennent de dire les orateurs qui m'ont précédé à la tribune, il résulte que les sous-préfets ne servent absolument à rien. D'attributions on ne leur trouve aucune. Tout se traite à la préfecture : affaires de chemins, d'écoles, d'églises, de municipalités, le préfet règle tout. Les sous-préfets ne sont pas même des intermédiaires. Comme agents électoraux ils manquent de prestige, il faut que le préfet visite après eux les populations pour qu'elles ne se sentent pas humiliées d'être livrées à des subalternes. Du reste les sous-préfets sont étrangers à leurs administrés et le moindre maire fait plus sûrement les affaires du gouvernement qui l'a choisi ou qui peut le révoquer. Les sous-préfets sont donc inutiles, à ce point inutiles qu'il est indispensable de les conserver (Réclamations).

Voix nombreuses. — De les supprimer, voulez-vous dire.

L'orateur. — De les *conserver*, et dans un instant vous serez de mon avis.

Je suppose que les sous-préfets aient une utilité quelconque, qu'ils soient chargés d'une mission, qu'ils aient à faire respecter la moindre formalité, il faudrait qu'ils connussent à peu près cette mission, qu'ils eussent appris cette formalité ; en un mot ils auraient besoin d'un apprentissage, tandis qu'aujourd'hui ils peuvent être pris n'importe où, nommés sans examen, déplacés sans inquiétude.

Voix nombreuses. — C'est justement ce dont nous nous plaignons.

L'orateur. — Attendez et suivez bien mon raisonnement. Je suppose que l'un de nous ait un fils ou un neveu à placer, il s'en va chez un ministre de ses amis, et sollicite un emploi pour le jeune homme.

« Monsieur le ministre, j'ai un parent dont l'avenir m'inquiète. Je viens vous demander de lui être favorable. »

— Très-bien, qu'il entre dans la diplomatie, il fera son stage au ministère des affaires étrangères. Il apprendra à rédiger des rapports, se mettra au fait des habitudes et prendra la tenue sévère indispensable à nos représentants à l'étranger.

— Vous m'embarrassez fort, monsieur le ministre, mon protégé rédige difficilement, il a des allures un peu libres.

— Une place de finance alors, après un séjour au ministère...

— Sa santé lui interdit le travail sédentaire.

— Je vois ce qu'il vous faut, une perception, avec l'espérance d'une recette particulière.

— Il a une insurmontable aversion pour les chiffres.

— Mettons-le au conseil d'État.

— Vous ne songez pas à l'examen.

— Dans les conseils de préfecture.

— Il faut qu'il ait fait son droit pour juger les affaires litigieuses.

— Je ne vous propose pas un poste dans les bureaux d'une administration puisque la santé du jeune homme le lui interdit. Que pourrais-je bien vous offrir ?

— Mais, monsieur le ministre, vous avez oublié, je crois, les sous-préfectures.

— Quelle distraction ! En effet, voilà un genre de fonctions qui lui conviendra admirablement. La nomination sera signée demain.

Voix nombreuses. — C'est odieux, abominable ; dépenser l'argent des contribuables pour entretenir des incapables.

L'orateur. — N'allez pas si vite. Je suppose que les sous-préfectures eussent été supprimées avant la conversation que je viens de vous rapporter, qu'eût fait le ministre ? Il avait le choix entre deux résolutions; placer le jeune homme dans un des postes déjà énumérés, c'est-à-dire faire gérer un emploi sérieux par un fonctionnaire insuffisant, nuire au public, risquer d'entraver le service général, ou bien refuser l'emploi demandé et mécontenter le solliciteur. La première résolution eût été détestable, vous en convenez vous-mêmes et mieux vaut que le ministre confie à son protégé une sous-préfecture, car là du moins celui-ci se contentera de ne rien faire, tandis qu'ailleurs il ferait du mal.

Voix nombreuses. — Cela est évident.

L'orateur. — Mais, me direz-vous, si le ministre est honnête homme (et comme nous comptons tous être ministres, nous devons déclarer que les ministres sont tous d'honnêtes gens), il repoussera les sollicitations. Or, savez-vous bien quelles conséquences terribles peut amener ce refus? Si le solliciteur est un membre influent des assemblées (ce qui, d'ordinaire, est le cas), il concevra contre le ministre et le ministère une haine terrible. Qui sait si son vote n'entraînera pas le lendemain des perturbations politiques épouvantables, surtout si d'autres solliciteurs aussi puissants que lui ont subi le même traitement.

Dans quelle situation mettrez-vous donc le gouvernement si vous supprimez les sous-préfectures? Je vous adjure, messieurs, avec une profonde émotion, d'y songer sérieusement. Placés entre la crainte de nuire à un service public et celle de jeter le pays dans des troubles ruineux, les hommes au pouvoir seront obligés de se décider dans une alternative nécessairement préjudiciable à l'État.

Conservez les sous-préfectures au contraire, tout rentre dans l'ordre. Quand le protégé d'un personnage influent a quelque capacité ou quelque instruction, on enrichit l'État en confiant au jeune homme un poste où il peut montrer son mérite. Quand le protégé est ignorant et incapable, on l'expédie dans quelque ville de province, où il a le loisir de respirer l'air sain des champs et de faire la cour aux bourgeoises sensibles.

Le solliciteur est enchanté et désire ardemment le
maintien d'un état de choses qui le débarrasse d'un parent souvent gênant. De là des conditions réelles de
stabilité. La stabilité, on la demande aux grandes institutions, à la forme même du régime politique. Erreur
profonde ! La stabilité naît dès qu'on intéresse beaucoup de gens à la conservation du gouvernement et aussi
quand on permet au gouvernement de faire participer
beaucoup de gens aux avantages que lui procure à
lui-même la stabilité. Et c'est ici que la question des
sous-préfectures prend une ampleur inattendue.

Voix nombreuses. — Reposez-vous, reposez-vous.

L'orateur. — Non, messieurs, non, tant que la voix
n'expirera pas sur mes lèvres, je continuerai, car la
question que je traite est primordiale ; c'est d'elle que
dépend l'existence ou la ruine de cet admirable régime
parlementaire dont nous sommes tous les plus ardents
partisans. Je reprends donc : Il n'y a pas seulement
des solliciteurs, il y a des malveillants, des hommes
qui voudraient bien partager les douceurs du pouvoir,
mais que l'ambition ou les circonstances ont jetés dans
l'opposition. Ceux-là ont souvent la popularité, la
gloire, mais il leur manque l'influence réelle. Ils sont
acclamés par leurs amis, mais ils ne peuvent rien faire
pour c · amis. Là est la blessure secrète des hommes de
l'opposition. De vagues reproches les assaillent. « Monsieur A... est bien heureux, il est cousin d'un député
de la majorité, il a obtenu une excellente perception.
Et Z..., quel homme béni du ciel, le ministre l'a pourvu
d'un consulat. » L'homme d'opposition sent ces piqûres
d'épingle. Pour lui il ne peut rien demander, car ce

qu'il veut c'est le pouvoir et il est évident qu'on ne saurait le lui céder de bonne grâce ; mais pour les autres il a besoin de tout. C'est à l'égard de ces adversaires que la nécessité des sous-préfectures apparaît lumineuse. Certes, parmi les hommes d'opposition, il en est beaucoup sur lesquels on ne saurait agir de la sorte. Un grand nombre d'entre eux sont trop compromis par leur violence même ; ils sont condamnés à la malveillance à perpétuité. Mais parmi ceux qui ne se sont pas classés comme des ennemis de parti pris, parmi ceux qui ne se montrent pas dévoués, mais qui font profession d'approuver à l'occasion, c'est-à-dire parmi les parlementaires par vocation et par tempérament, on peut conquérir de précieuses adhésions. Il faut aller à ceux-là pour savoir quels gens ils ont intérêt à obliger ou à éloigner, deviner à quelles récriminations se livre tel parent impatient, rechercher si un neveu ne les inquiète pas ou si un fils ne leur coûte pas trop cher ; puis proposer discrètement un marché. On échouera rarement et à condition de ne pas faire coïncider trop exactement la date de la conversion du député et celle de la nomination du protégé, le public ne s'apercevra de rien et l'État sera défendu sans que nul se doute du moyen employé. On mettra tel vote favorable sur le compte d'une révolte de la conscience et tel choix de sous-préfet sur le compte d'une louable tolérance.

Voix nombreuses. — Mais on aura introduit un ennemi dans la place.

L'orateur. — Un ennemi sans puissance qui, du reste, ne se révélera que le lendemain de la chute ; or, ce jour là, combien restera-t-il de fidèles parmi les vrais amis ?

Ainsi donc, messieurs, si vous ne voulez pas paralyser le fonctionnement des gouvernements pondérés, rendre les rapports impossibles entre le pouvoir législatif et le pouvoir exécutif, précipiter les crises politiques et finalement ruiner le pays, conservez les sous-préfectures. Le sous-préfet est la clef de voûte d'un régime sincèrement libéral. » (Approbation générale, l'orateur est félicité par tous ses collègues.)

Un intrus. —L'orateur a raison; le maintien des sous-préfectures est indispensable à la bonne administration de ce qui constitue l'essence même du régime parlementaire et du gouvernement par les politiciens : la corruption.

Jamais, à aucune époque, on n'a scruté plus exactement les moindres détails de la vie des hommes publics. A peine un nom émerge-t-il de l'ombre, à peine les dix mille spécialistes que les questions politiques intéressent ont-ils appris à épeler les syllabes de ce nom, que tout est connu sur celui qui le porte. On sait s'il est riche ou pauvre, jeune ou vieux, beau ou laid ; on crochète son secrétaire pour y rechercher les lettres qu'il a reçues et l'on fouille les vieux papiers pour recueillir les lettres qu'il a écrites ; en un mot, on l'inspecte avec scrupule comme on fait d'un prisonnier qui va être admis à la maison centrale. Nous n'ignorons donc rien sur les hommes entre lesquels se partage chez nous la souveraineté ou simplement l'ambition de la souveraineté.

Or, symptôme singulier, il se trouve que malgré toutes ces indiscrétions, l'influence de la femme sur nos politiciens apparaît peu ou n'apparaît point.

Qu'on se remémore les médisances et les calomnies

qui assiégent les hommes connus. On multiplie les reproches ; leur probité, leur fidélité, leur bonne foi sont
incessamment décriées. Il n'est pas d'infamies qu'on
ne leur prête et de faiblesses qu'on ne leur attribue.
Eh bien ! nul ne songe à dire d'eux : « Un tel est sous
la main, sous la volonté d'une femme à laquelle il
obéit. C'est là, dans telle alcôve, qu'il va chercher ses
inspirations et ses colères. La France est gouvernée
par une danseuse ou par une duchesse, et le groupe
du centre droit est en réalité dirigé par une femme
séparée de corps. »

Nul ne parle ainsi. Jamais un nom féminin n'est
murmuré. Jamais une allusion n'est faite. Ce genre de
calomnie n'a point cours. Et pourtant combien il serait
terrible ! Dans notre pays de loi salique on aime mieux
être mené à l'imbécillité par un mâle qu'à la prospérité
par une main féminine. Quand ces drôlesses exquises
dont est parée l'histoire de France se tenaient tapies
derrière nos rois pour leur dicter des inspirations d'héroïsme ou de fine diplomatie, on criait haro sur les
maîtresses royales qui ruinaient et sauvaient le pays.
Et pourtant que de nuages tutélaires placés par la
tradition autour de ces rois dont on insultait les galan-
teries ! Que de respects accumulés ! Mais il semble que
ce bonheur d'être très-puissant et de faire de sa toute-
puissance un jouet pour les petites mains d'une femme,
soit tellement doux qu'il excite au suprême degré
l'envie et la haine.

Or, nul, pas même le plus téméraire, ne se risque à
faire aujourd'hui semblable récit. C'est que ce récit
serait si peu d'accord avec nos mœurs platement dé-

vergondées, que le plus crédule en hausserait les
épaules.

Il n'y a donc rien qui porte à la médisance; pas le
plus petit bout d'un petit doigt rose dans les ressorts
de notre lourd parlementarisme. Tout au plus, en cherchant bien, signalerait-on çà et là l'influence de
l'épouse, mais de l'épouse mûrie, ayant laissé son sexe
aux aspérités des années, de l'épouse austère, demi-
confesseur, demi-belle-mére.

Un reporter insinuera bien que le chef des gauches
modérées s'attarde dans le boudoir des marquises, que
l'éloquent leader des droites ne dédaigne pas le monde
où l'on est gai, et qu'un républicain tonitruant a été vu
dans une loge sombre avec une dame voilée. Mais tout
cela n'a ni portée ni intérêt, parce que l'on sait très-
bien que la marquise et la dame voilée ne peuvent
rien sur la volonté de celui dont elles embellissent les
jours et les nuits.

Voilà qui est grave! Et c'est peut-être la première
fois qu'on assiste en France à pareil spectacle : la politique sans les femmes. Certes la monarchie est plus
favorable que la république à l'influence des femmes
dans l'Etat, parce que les classes élevées qui gouvernent alors sont plus sensibles aux charmes délicats de
l'esprit féminin que les classes médiocres.

Pourtant la république a eu jadis ses citoyennes.
Pourquoi notre République n'a-t-elle plus que des
citoyens? On s'en étonne, surtout quand on se rappelle
qu'elle est parlementaire. Le parlementarisme est un
terrain politique fait pour les femmes. Toutes ces
petites intrigues qui aboutissent au groupement des

députés, aux oppositions des partis, aux transactions,
aux alliances, aux coalitions sont choses dè salons et
de boudoirs. C'est la première fois que les femmes en
semblent exclues.

D'où vient cela? De ce que nos maîtres d'aujour-
d hui, les politiciens, n'aiment pas les femmes comme
les aimaient les hommes d'État d'autrefois. Ils n'ont
ni l'habitude de leur compagnie, ni le souci réel de
leur plaire. A l'âge où le plus laborieux et le plus
sérieux des jeunes gens donne une grande partie de
son âme et de son désir à une femme ou tout au moins
aux femmes, le politicien est obligé de garder sa
pensée, son ardeur, son âme entière pour cette carrière
si absorbante qu'il poursuit. Il vit au milieu d'une
multitude affolée où la moindre distraction, le moindre
faux pas l'exposent à être foulé aux pieds. Aussi le politicien se tient toujours en éveil. Il ne permet pas que
la moindre parcelle de son attention s'écarte et la
femme est la suprême distraction. Non point qu'il soit
plus chaste qu'un autre. Non, il a tous les appétits.
Mais il les satisfait à la hâte. Éternellement pressé d'arriver le plus loin et le plus vite qu'il peut, il ressemble
au voyageur affamé qui à chaque buffet descend de
wagon précipitamment pour se rassasier. Demandant
de tout à la fois, essayant de dévorer tous les mets en
même temps et les payant ce qu'on veut, il affronte
l'indigestion ; mais il ne lui reste de la table où il s'est
assis que le souvenir d'une fatigue et d'une lourde
dépense. Celui-là pourra continuer à être gros man-
geur s'il a une bonne santé ; mais il ne sera jamais un
fin gourmet. Tel le politicien, qui s'est ainsi bourré

d'amour à ses heures perdues, s'avance dans la vie sans comprendre et sans goûter les femmes.

Or, comme, pour la première fois, nous sommes gouvernés par les politiciens, pour la première fois aussi les femmes n'ont plus part à notre gouvernement.

Jadis l'homme d'État qui arrivait au pouvoir parce que sa capacité, son esprit, son éloquence avaient été remarqués autre part, avait souvent eu des commencements difficiles ; mais jamais il n'avait consumé toute sa jeunesse dans les stupides menées de la politique subalterne. Grand seigneur sous l'ancien régime, orateur ou écrivain sous le nouveau, il appartenait toujours à cette catégorie d'esprits élevés sur lesquels les femmes exercent un grand ascendant. Il avait eu une jeunesse oisive ou occupée, mais il avait eu une jeunesse ; quels qu'eussent été les labeurs de ses premières années, ils ne s'étaient pas imposés à son âme au point de le détourner de tout ce qu'il y a de délicat et de gracieux. Seul le souci enragé de supplanter, de renverser, de solliciter produit un tel résultat. Que le futur homme d'État fût un jeune duc soucieux de ses équipages et de sa bonne mine, un jeune écrivain absorbé dans les recherches historiques ou dans l'observation des passions humaines, un jeune industriel fort avide de faire fortune, un jeune orateur amoureux des belles périodes, un jeune oisif attendant la chance et l'inspiration, ces pensées variées et diverses n'excluaient pas l'intervention constante et douce de la femme dans sa vie. Or, quiconque a vécu habituellement avec les femmes, reste éternellement leur serviteur. Quiconque les a connues et a subi leur empire, quand il était pauvre et obscur, le subira plus encore quand il sera devenu riche, célèbre, puissant. Le goût de l'obéissance volontaire à des exigences qui vous semblent charmantes ne se perd plus lorsqu'on l'a contracté.

De même que, jeune homme, il mettait aux ordres de sa maîtresse son bras et son intelligence, de même, homme d'État, il y mettra désormais sa pensée à laquelle obéit le peuple, sa parole devant laquelle s'inclinent les Parlements.

Et ils ont souvent et fructueusement agi ainsi, les hommes qui ont régi les destinées des autres hommes. Et ils n'agissent plus ainsi, nos maîtres d'aujourd'hui, esprits incomplets, parce qu'ils sont des spécialistes qui ne savent que la politique et rien que la politique ; mais qui, s'ils la savent dans ses rouages, dans ses lois, dans ses constitutions, l'ignorent dans son élément profond qui est la passion.

C'est à cause de cet élément, la passion, qu'il faut que les femmes aient part à la politique.

Avec elles s'en vont les deux qualités qui sont indispensables aux gouvernements durables, la finesse et l'élan...

Les femmes ont la tête vive ; elles se laissent facilement aller à un entraînement subit ; une idée généreuse ou féconde leur est présentée, elles s'en engouen vite. Ce qui leur manque, c'est la constance dans l'exécution. C'est pour cela qu'en politique comme en tout autre chose, elles ne sauraient agir elles-mêmes et qu'elles ont besoin de l'appui de l'homme. C'est pour cela que nous ne les voulons ni électrices ni élues. Mais quelles inspiratrices merveilleuses ! Elles soufflent à l'homme la flamme qui les anime elles-mêmes. Comme elles savent l'inviter aux résolutions grandioses, aux vastes projets ! Ce sont les femmes qui entraînent les novateurs aux campagnes aventureuses pour l'indépendance, pour la liberté, pour la puissance. Ce sont elles qui leur font entrevoir les côtés sensibles et émouvants des abus qu'ils combattent ou des réformes qu'ils projettent. Poussant leurs propres haines et leurs propres affections à l'extrême, elles savent entretenir largement les haines et les affections des hommes. Aux femmes le secret d'animer les théories des penseurs. Puis, quand l'homme a commencé avec énergie l'application de l'idée que la femme a su parer de toute magnificence, la femme intervient de nouveau avec un tact précis et sûr. Elle est incapable, sans doute, des luttes opiniâtres, obstinées ; mais combien elle sait à propos signaler les obstacles qui échappent à la perspicacité moins déliée de l'homme, deviner une trahison (elle qui sait si bien trahir), inventer un mensonge (elle en a l'expérience), et trouver avec une admirable perfidie quelque exquise ressource pour frapper l'adversaire au défaut de la cuirasse, tandis que l'homme tapait à l'aveugle juste là où la cuirasse résistait impénétrable.

L'on voit trop bien aujourd'hui qu'il n'y a pas de femmes cachées derrière le rideau chez nos hommes politiques.

Point d'éclat dans l'idée qu'ils présentent.

Celui-ci est républicain. Qu'une Mme Rolland s'en aille

chaque matin s'asseoir auprès de lui pendant qu'il prépare le grand discours qui doit émouvoir le pàys, et déjà les périodes virulentes se pressent. La république a pris pour lui un corps et une voix. Elle s'incarne dans la maîtresse qu'il aime. Ce n'est plus un mythe intangible ; elle est toute flamme et toute beauté. « Va, lui dit-on, quand il part, va combattre pour le peuple, pour la liberté, » ou tout autre sottise de même ordre. Mais cette sottise-là, c'est la goutte d'eau-de-vie frelatée qui anime le soldat et en fait un héros. La république qu'il voyait toute vulgaire, sous la forme d'une réunion de messieurs en redingote, lui semble à présent une déesse vivante dont il devient le prêtre et le pontife.

Mirabeau, Desmoulins, Vergniaud, vous tous, les chantres enflammés de la Révolution, il y avait de l'amour dans vos élans et de la passion féminine dans vos discours. Poëtes de la politique, vous aviez pour vous inspirer ce qu'il faut aux poëtes, la femme, et vos chants ont édifié un monde.

Mme Rolland ne vient plus chez nos orateurs ; tant mieux pour la morale, tant pis pour l'éloquence.

Et le légitimiste ! S'il avait parfois des rendez-vous mystérieux avec quelque descendante d'une héroïne vendéenne, il ferait peut-être de son drapeau un étendard populaire. Toutes ces pâles déclamations en faveur de la monarchie héréditaire, qui se sont peu à peu converties en lourdes tirades conservatrices, eussent sous l'inspiration d'une femme repris de la beauté. On eût vu revivre dans les écrits, dans les discours, dans les manifestes, ce passé chevaleresque et glorieux, ce passé plein de dévouement, de fidélité, d'héroïsme, d'honneur, de toutes ces passions illogiques que seules les femmes, ces ennemies séculaires de la logique, savent apprécier et inspirer.

Les descendantes des Vendéennes restent chez elles ; quant aux légitimistes, ils ont la goutte, et ce qu'il y a de plus navrant, c'est qu'ils n'ont pas mérité de l'avoir.

Si nous passons aux bonapartistes, reconnaissons qu'on calomnie leur innocence plus que celle des autres. Il reste dans leur parti une vague odeur de violette qui se perçoit encore. Quand un Morny a passé chez vous, quelque souvenir en demeure toujours. De sorte que la médisance publique les honore de quelques soupçons. La médisance se trompe-t-elle ? Il suffit, pour le deviner, d'interroger leurs écrits et leurs discours. Ceux qui reconnaissent dans l'éloquence des bonapartistes la vigueur et la force, qui pensent que les bonapartistes savent présenter cette doctrine majestueuse de l'appel au peuple avec toute la magnificence qu'elle comporte, ceux qui retrouvent dans les discussions que soutiennent les bonapartistes la philosophie large et humaine des deux Napoléon, ceux-là doivent être assurés que les orateurs et les écrivains de ce parti s'inspirent des enthousiasmes féminins. Ceux, au contraire, qui ne voient plus dans les doctrines présentées par les bonapartistes qu'un amalgame d'idées contradictoires réunies par l'intérêt personnel ; ceux qui jugent leurs déclamations froides, leurs emportements sonores et vains, leurs colères frelatées, croiront volontiers que les femmes de ce parti, élé-

gantes et nerveuses, passionnées et raffinées, ne prennent aux délibérations des hommes qu'une part de
jour en jour plus restreinte.

Et les orléanistes, c'est-à-dire les parlementaires?
Hélas! toute l'ardeur, toute l'exubérance de cent générations d'amoureuses ne suffiraient pas à faire naître des doctrines parlementaires quelque chose de
brillant; mais, d'autre part, l'habileté des combinaisons parlementaires gagnerait fort à l'intervention des
femmes.

Il est certain que le parlementarisme s'alourdit;
toutes les fois qu'une intrigue est tentée, elle avorte:
fusion, union des centres, coup d'État, tout échoue.
Que manque-t-il à ces complots? La femme.

Imaginez quelque personne entre deux âges,
pleine d'expérience et point tout à fait dépourvue de
séductions, ayant longuement et discrètement prati-
qué les hommes, sachant quelles passions et quelles
espérances les font mouvoir; supposez que cette personne ait possédé toute influence sur quelqu'un des meneurs principaux de la fusion monarchique, par exemple. Elle eût tout d'abord flairé l'obstacle : le drapeau.
Elle eût compris que les foules dont l'esprit obtus ne
voit guère que ce qui tombe sous leurs sens, oublie-
raient les principes modernes, l'égalité politique, la
liberté et la libre-pensée pour s'attacher à ce stupide
chiffon blanc qui crève les yeux. Elle eût prévenu la
discussion, en recommandant de ne point effleurer
cette question brûlante.

Elle eût dit : « Prenez le prétendant qui veut être
roi; ne lui demandez rien; amenez-le avec vous en

répondant oui à toutes ses questions ; puis quand vous le tiendrez, vous en ferez à la fois votre monarque et votre captif, car il ne renoncera pas à sa monarchie pour sortir de sa captivité. »

Mais il n'y avait que des hommes et ils sont venus, sérieux, graves, gourmés, faisant sonner leur importance, heureux de traiter de haut un Bourbon, prenant des précautions, prévoyant tout, et ils ont maladroitement touché aux questions délicates, car les hommes affrontent toujours ces questions-là, tandis que les femmes les tournent.

Et plus tard, au jour où les parlementaires se sont saisi violemment du pouvoir, où ils ont eu tout entre les mains, l'armée, le clergé, la magistrature, les classes riches et jusqu'à la légalité ; si une femme leur eût dit : « Vous êtes les maîtres, croisez-vous les bras. Vous avez une force immense à votre service, ne rien faire ; usez-en, » ils eussent été sauvés. Mais nulle femme ne les conseillait et ils ont agi. Ils ont fait du tapage ; ils ont essayé de l'oppression, des menaces, des promesses, des violences, des taquineries et ils sont tombés sous l'opprobre et les sifflets. Et tout cela parce que les femmes étaient absentes.

C'est la punition des politiciens. Ils ont cru qu'on gouvernait, comme on joue aux échecs, avec des formules et des raisonnements. Ils ont exclu de leur pensée toute idée délicate et élevée ; ils ont voulu la politique grave, ils ont la politique bête.

Le politicien va parler. Il est enfermé dans son cabinet et l'on entendrait, si l'on s'approchait de la porte, des mots saccadés qui s'échappent de ses lèvres : « Oppression séculaire, émancipation définitive ! Levez-vous et marchez en avant ! Peuple, tu es le droit et tu es aussi la force. » La famille s'impatiente ; on voudrait se mettre à table et l'on n'ose pas déranger le grand homme qui travaille. Car le politicien est un des plus illustres, un orateur, un improvisateur surtout. Quand il a préparé quelques périodes qu'il place fort habilement au moment précis où elles prendront du relief, il se laisse aller à sa facon de naturelle, relève les inter-ruptions et écrase ses adversaires sous des répliques imprévues. Ce soir il doit discourir devant une nom-breuse assemblée. Le discours sera reproduit ; il faut donc y placer quelque mot à effet, de ces mots nets qui passionnent et entraînent ; peut-être en trouvera-t-il en parlant, mais il vaut mieux en avoir en réserve. Si le politicien en rencontre encore quelqu'un en corrigeant ses épreuves, il l'ajoutera. Pour le moment les expressions pittoresques lui font défaut. Aussi sue-t-il sang et eau et fait-il attendre sa famille qui a faim. Charmante famille du reste, élevée soigneusement à l'abri de la politique. Le politicien, qui a la prétention de faire de ses enfants des gens du monde, les tient à l'écart du commerce avec lequel il les nourrit. Le politicien a réussi jeune et sa position s'est constamment accrue. Les grandes fonctions, les traitements importants sont venus à lui. La famille a prospéré du même coup. La femme fort modeste à l'origine a pris l'air d'une matrone opulente ; les filles viennent de sortir d'un couvent aristocratique, elles sont gracieuses, adorent leur père et se sentent fières de lui. Le fils est à l'école polytechnique ; brave et digne garçon qui essaie de se distinguer à son tour dans sa carrière. Toute la famille est réunie ce soir. Enfin le politicien a fini son grand travail. Il se met à table ; la conversation est joyeuse, le menu exquis. Dans la grande salle à manger aux boiseries artistiques, discrètement éclairée par une lumière tamisée, doucement chauffée, se croisent les éclats de rire. Mais il est neuf heures, la réunion va commencer ; le politicien embrasse ses enfants et sort. Il est de bonne humeur et se dit qu'il peut vraiment se considérer comme un homme heureux.

L'ouvrier a reçu une lettre de convocation pour la réunion où le politicien doit parler. L'ouvrier est solide au poste, on peut compter sur lui. C'est un dévoué. Il travaille ferme le jour, car il a cinq enfants ; mais le soir il ne manque jamais aux réunions popu-

laires et, fallût-il payer cinq sous, il n'hésite pas. On
n'a pas besoin de le faire boire celui-là pour qu'il perde
la raison. Dès qu'il entre dans la grande salle encombrée par la foule, le murmure qui s'échappe de toutes
les poitrines suffit à l'enivrer. Et dès lors, penché
avidemment vers l'orateur, il ne cesse d'écouter que
pour pousser des hurrahs frénétiques. Ce soir-là il est
plus disposé que jamais à se laisser enflammer par les
paroles éloquentes qu'il entendra. Le travail va mal,
c'est à peine si l'on gagne de quoi manger du pain.
On n'a pas déjeuné le matin et le dîner n'a pas été
long le soir. Il fait froid et le poêle est vide ; le char-
bonnier ne veut plus faire de crédit. Puis on a une
grosse dette, cinquante francs. Le créancier est impitoyable et tous les matelas sont au mont-de-piété. On
menace de saisir les quelques hardes de rechange et
la commode qui les contient, et si cela arrive, le
propriétaire donnera congé. Le mari a parlé de ce
jour terrible, dont on n'est plus séparé que par quelques
heures, pendant qu'il mangeait le morceau de pain
trop mince ; la femme a pleuré. Quant aux enfants
ils crient pour qu'on leur donne un peu plus de ce
pain si difficilement gagné, et le père a répondu d'une
voix sourde : « Vous en avez assez. » Et il a détourné
la tête pour ne pas voir les petits courir par terre à
quatre pattes, cherchant les miettes tombées dans les
fentes du plancher. On s'est tu alors pendant longtemps ; puis l'horloge voisine a sonné neuf heures.
L'ouvrier a relevé la tête : « Neuf heures ; la réunion commence. » Il a pris sa casquette et est sorti
précipitamment. Là il va boire ce breuvage qui

trompe et envenime la souffrance. Il va boire de la haine.

Le politicien a été reçu dès son entrée dans la réunion par de bruyantes acclamations. Le vulgaire l'a contemplé bouche béante. Lui, bienveillant, a tendu la main à tous ceux qui se trouvaient à sa portée. Beaucoup, pénétrés de respect et d'admiration, ont à peine osé saisir cette main; quelques-uns essuient leurs doigts à leur casquette avant de toucher ces phalanges illustres, comme s'il s'agissait de quelque relique. Les gens de haute volée politique au contraire s'approchent et font cortége. Ils affectent de la familiarité, quitte à rentrer dans l'ombre si le maître s'offense. Enfin le politicien arrive au pied de la tribune. A ce moment un remous se produit dans la foule. C'est que cinquante personnes se heurtent et luttent pour s'approcher du politicien. Il s'agit, en effet, de savoir qui aura le bonheur de le débarrasser de sa canne, de son chapeau et de son pardessus. L'un saisit une manche, l'autre empoigne le collet, un troisième moins favorisé se contente d'une basque. Le politicien laisse faire et quand tant d'efforts réunis ont abouti, il passe la main dans ses cheveux et gravit lentement les degrés. Dès que son front émerge au-dessus des têtes, les applaudissements se déchaînent. Lui impassible ne semble rien entendre. Les clameurs redoublent quand, debout et regardant la foule, le politicien salue. De la main, il fait signe qu'on se taise; mais il faut dix minutes pour que le tapage s'apaise. Enfin on n'entend plus qu'une sorte de murmure contenu. Le politicien dit: « Citoyens. »

L'ouvrier est arrivé en courant. La salle est pleine,
impossible d'entrer. Mais il a si bien joué des épaules
et des coudes qu'il pénètre dans une petite cour intérieure. De là, il se hisse jusqu'à une fenêtre ouverte.
Il n'hésite pas, il enjambe, et le voilà dans la salle. Il
a de la chance ; il se trouve au milieu de cinq ou six
amis qui lui font un chaleureux accueil. « Ah ! te
voilà ! Nous savions bien que tu viendrais. — Il n'a
pas commencé encore, j'espère ? — Non, il monte
seulement à la tribune. — C'est un bon, celui-là ; un
ami du peuple, qui a tout sacrifié pour le peuple. —
Oui, et qui nous a rendu de vrais services. — C'est
lui qui nous a donné la liberté de la presse. — C'est
lui qui a consolidé la République. — Sans lui où en
serions-nous ? » Un intrus interrompt : « Vous en
seriez juste où vous en êtes. A quoi vous servent donc
la presse et la République ? Ça vous donne-t-il à
dîner ? » La réponse n'est pas longue. L'intrus est saisi
par vingt bras, et, doucement transporté, il prend
pour sortir le chemin que l'ouvrier a suivi pour entrer.
Ce petit incident passe inaperçu. L'ouvrier fait entendre des chut répétés, puis il crie lui-même à pleins
poumons : « Vive la République ! » Enfin le calme
est rétabli, le politicien a dit : « Citoyens. »

« Citoyens, a dit le politicien, nous sortons à peine
de l'oppression séculaire qui nous écrasait depuis six
mille ans. Pour la première fois, l'humanité respire et
peut, jetant un regard autour d'elle, se demander
comment elle mettra un terme à ses maux. (Applaudissements.) Nous n'avons certes pas encore conquis
le bonheur, mais nous avons conquis le droit de le

rechercher. Nous avons conquis aussi le droit de discerner nos ennemis et de les regarder en face. Demain, nous aurons peut-être la force de les combattre et de les vaincre. (Acclamations.) Quels sont ces ennemis qu'il faut connaître pour les exterminer? Vous les distinguerez bien vite. Celui-là est votre ennemi, sachez-le, qui met un obstacle quelconque à vos vœux légitimes. (Bravos.) Vous voulez la République; votre ennemi est celui qui essaie de renverser la République. (*Cris :* « Nous la sauverons. ») Vous voulez que la presse vous éclaire; celui-là est votre ennemi qui combat la presse. (Bien.) Vous voulez que la liberté règne partout; celui-là est votre ennemi qui bâillonne la liberté. (Acclamations.) Vous voulez vivre de votre travail; celui-là est votre ennemi qui exploite votre travail à son profit. Vous voulez nourrir votre famille à peu de frais; celui-là est votre ennemi qui spécule sur les denrées pour vous les vendre plus cher. (*Cris :* C'est vrai!) Vous voulez vous loger à bon marché; celui-là est votre ennemi qui vous oblige à donner le plus clair de votre salaire pour dormir dans quelque taudis malsain. (Explosion d'enthousiasme.) Vous voulez jouir d'une santé vigoureuse; celui-là est votre ennemi qui vous épuise par un travail exagéré. (Bravos répétés.) Vous voulez vous reposer quand vous arriverez à la vieillesse; celui-là est votre ennemi qui s'enrichissant lui-même en vous payant un trop mince salaire, vous empêche d'épargner et vous livre en pâture aux hospices et aux bureaux de bienfaisance, ces institutions d'inhumanité. (Tonnerre de vivats.)

L'ouvrier n'a point pris part à l'enthousiasme général. Il a l'œil fixé sur le politicien. Il s'abreuve de ses
paroles. Il ne perd pas un de ses gestes. Du reste ce
geste est ample, majestueux; la voix sonore a des
éclats de trompette, quand elle menace et prend des
accents caressants et féminins, quand elle s'apitoie.
L'ouvrier en suit les variations qui se reflètent sur son
visage. Quand la voix s'échauffe, l'œil de l'ouvrier
jette des flammes; quand la voix pleure, l'œil de l'ouvrier se mouille. Mais l'ouvrier ne dit rien ; tout au
plus quand le politicien a parlé de ces misérables qui
pressurent le peuple, l'ouvrier a-t-il laissé échapper
un cri rauque, qui s'est perdu dans le tumulte.

Le politicien ne s'arrête pas là. Il a promis un discours d'une heure et demie. Il développe sa pensée ou
plutôt il l'expose de nouveau sous des formes variées.
Le peuple est exalté, les ennemis du peuple sont flagel-
lés. Enfin le politicien s'écrie en terminant. « Mais ces
ennemis du peuple que nos lois surannées n'atteignent
pas encore, attaquons-les nous-mêmes avec toutes les
forces de nos intelligences et de nos bras. Au combat,
citoyens, au combat! Vous connaissez l'ennemi. Vous
vous feriez ses complices en ne l'exterminant pas! »
Le politicien est saisi par cent bras et porté en triomphe; ses familiers l'arrachent avec peine à un enthousiasme un peu brutal. Enfin on l'installe dans sa
voiture. Il est entouré par deux mille personnes qui vocifèrent des bénédictions. « Ah! le brave citoyen! Vive
l'ami des ouvriers! » La voiture se dégage et s'éloigne.

L'ouvrier est devenu de plus en plus sombre.

Tandis que ses voisins se précipitent sur les traces du grand orateur, lui demeure immobile et muet. Les amis de l'ouvrier l'entourent. « Qu'as-tu donc aujourd'hui? Tu ne dis rien. Tu ne trouves donc pas qu'il ait bien parlé? — Si, répond l'ouvrier d'un air stupide. — Ah! il a dit des choses vraies! et comme il les a traités ces coquins qui nous exploitent! Et tu restes là tranquille! Ça ne te fait donc rien, à toi, qu'on nous opprime. Tu ne trouves donc pas qu'il a raison! » L'ouvrier se redresse et dit d'une voix forte : « Il a raison, oui il a raison. » Et l'ouvrier s'en va tout seul.

Le politicien rentre chez lui tout joyeux. Certes il a l'habitude des triomphes oratoires, mais ce soir le succès a été véritablement foudroyant. Pas une interruption blessante, pas une protestation. Les journaux de demain seront bien obligés de constater un tel triomphe. Et les conséquences peuvent en être énormes. Aussi le politicien embrasse-t-il ses filles avec effusion. Elles s'empressent autour de lui. « Cela s'est bien passé, n'est-ce pas? — Très-bien, mes enfants, très-bien. Ces bonnes gens m'ont écouté et applaudi. Je crois leur avoir dit de bonnes choses, des choses utiles, des choses à leur portée. — Tu dois être bien fatigué. — Un peu. — Allons, viens. Nous avons préparé du thé et nous allons le prendre au coin du feu en bavardant. » Le thé est servi dans le boudoir. Une des filles apporte la robe de chambre du politicien, l'autre lui met sa calotte. Il s'étend sur un canapé. Sa plus jeune fille s'assied sur un tabouret à ses pieds. On ne parle pas politique. Le politicien a

entamé une longue discussion sur les toilettes qu'on
commandera pour le prochain bal du ministre et l'on
se perd dans les questions de couleurs et de garnitures.

L'ouvrier rentre chez lui à pas lents. Il répète sans
cesse entre ses dents serrées :— « Il a raison, il a raison.»
Il monte l'escalier, entre sans dire un mot et se jette
sur son grabat. Les enfants grelottent ; il pose sa blouse
sur le lit du plus petit qui, à demi endormi se plaint
encore. — L'ouvrier ne dort pas. Il attend le jour.
« Il a raison, il a raison », répète-il comme s'il redi-
sait un refrain féroce.— C'est le jour ; l'ouvrier se lève,
il s'habille rapidement et sort. — Où va-t-il ? Il ne le
sait pas encore, mais il s'en doute. — Le voilà devant
la porte de l'impitoyable créancier. Comment y est-il
venu ? Il ne pourrait pas le dire. Il sonne ; chacun dort
encore. On n'ouvre pas. Il s'en va errant dans les environs. « Il a raison, il a raison », dit-il et il revient.
Cette fois on l'introduit. — Le créancier est levé. C'est
un petit commerçant qui a économisé sou par sou une
mince fortune : « Je ne pourrai pas vous payer »,
lui dit rapidement l'ouvrier. Le créancier est très-
poli : « Je le regrette, vous êtes un brave homme ; mais
moi aussi j'ai ma famille à nourrir. Je vous enverrai
l'huissier. — Je ne le recevrai pas. — Vous y serez
bien forcé. Allons, faites un effort et payez. — C'est
impossible. — Alors je ne puis rien pour vous.
— Je vous supplie... — C'est inutile. » — L'ouvrier s'est avancé. Il a levé le bras. Un homme est
tombé couvert de sang et l'ouvrier s'enfuit un couteau
tout rouge à la main, en murmurant : « Il a raison,
il a raison. »

Le discours du politicien a décidément produit une immense sensation. On y a vu l'affirmation d'un grand amour pour le peuple. — Les filles du politicien n'auront pas besoin d'aller au bal chez le ministre ; — c'est chez elles, au ministère, que l'on dansera mercredi prochain.

L'ouvrier a obtenu l'indulgence de ses juges ; il en est quitte pour le bagne ; sa femme est à l'hospice ; ses enfants ont été ramassés par la police...

Le politicien a parlé.

TABLE

—

TROISIÈME PARTIE.

QUELQUES PHYSIONOMIES.

QUATRIÈME PARTIE.

LES POLITICIENS A L'ŒUVRE.